Finnland

Meine Lieblingsplätze

❖

Uusi Valamo
Das Kloster der aus Ostkarelien geflohenen orthodoxen Mönche ist eine wunderbare Stätte der Besinnung am stillen Juojärvi-See. Aber auch ein Ort der Begegnung –> S. 76

❖

Kiasma
Helsinkis Museum für moderne Kunst, selbst ein Kunstwerk, ist überraschend und inspirierend. Was auf vier Etagen präsentiert wird, steht für den Aufbruch der ganzen Stadt –> S. 32

❖

Koli-Nationalpark
Die Koli-Berge sind der Inbegriff der idyllischen finnischen Landschaft mit dem berühmtesten Seeblick des Landes. Im Sommer wandern, im Winter skilaufen –> S. 14

Liebe Leserin, lieber Leser,

ein Sommer am See, endlose Wälder, schnurgerade Straßen bis zum Horizont, menschenleere Weiten, Rentiere und natürlich lange Abende in der Sauna – fast alle von uns haben ganz feste Vorstellungen, die sie mit dem Begriff Finnland verbinden. Doch neben der von urwüchsiger Natur beherrschten Seelenlandschaft der Finnen besteht längst eine moderne Dienstleistungsgesellschaft. Und die finnische High-Tech-Industrie hat das Holz längst als Imageträger abgelöst – Nokia statt Nadelwald.

Diese Harmonie scheinbarer Widersprüche ist das Geheimnis unserer Sehnsüchte nach dem Norden. Finnland erfüllt sie alle. An langen Sommertagen, die nicht lang genug sein können, um sämtliche Attraktionen Helsinkis aufzuspüren und auszukosten; in hellen Nächten vor der Hütte an einem See, der uns ganz allein gehört; im Winter auf einem Hundeschlitten unterwegs in den Weiten Lapplands. Auf einer Tour durch die spröde wie spannende Schärenwelt der Ostsee oder in einem Festungshof vor einer Opernbühne. All dies präsentieren wir Ihnen in diesem MERIAN.

Finnland ist eine Festival-Großmacht, im Sommer gibt es überall im Land der 189 000 Seen hunderte von Veranstaltungen, die die Liebe und Leidenschaft der Finnen für Musik und Tanz offenbaren. Das Volk der großen Schweiger zeigt in der Saison viel Temperament. In den langen Polarnächten, besser gesagt an 50 gänzlich finsteren Tagen, verfällt die Nation wieder in absolute Stille. Dann ist es der Zauber des Nordlichts, der alle sprachlos macht.

Herzlich, Ihr

Andreas Hallaschka
MERIAN-Chefredakteur

MERIAN UNTERWEGS

SAUNAFREAKS Erst treten, dann schwitzen. Nach einem Radtag durchs schöne Åland erholen sich Otto Hojar (r.), Inhaber des Feriendorfes Isakssons, und Fotograf Tobias Gerber in einer finnischen Sauna. Seite 104

KUNSTPAUSE Inmitten einer Installation im Museum Kiasma holen sich Fotograf Miquel Gonzalez und Anja Haegele weitere Anregungen für ihren spannenden Trip durch Helsinki. Seite 32

CRASHKURS Zwei Typen ließen es mal richtig krachen: Peter Münch (r.) und Fotograf Walter Schmitz vor dem Eisbrecher Sisu, auf dem sie zehn Tage lang mitfuhren. Seite 54

gehen
wie sein Reihensechszylinder-Motor mit High Precision Injection und Twin
Modelle erhältlich: xDrive, das intelligente Allradsystem für maximale
Fahrdynamikkonzept lässt Sie auf jedem Meter das spüren, was Sie
kombiniert: 9,5 l/100 km, CO2-Emission kombiniert: 228 g/km.
Das neue
BMW 3er Coupé
www.bmw.de/
3erCoupe
BMW
Freude am Fahren

Finnland

SEITE 32

HELSINKI ERWACHT

Der Dom am Senatsplatz ist seit 1852 Wahrzeichen der Stadt. Seit Helsinki im Jahr 2000 Europas Kulturhauptstadt war, ist die kühle Kapitale auch cool: Zu altem Glanz kommt junge Szene

MERIAN | Reise-Service >> ab Seite 117

Romantik im Land der tausend Seen, hier bei Punkaharju in Karelien

SEITE 54

MIT 22 000 PS DURCHS OSTSEE-EIS

„Stuck in ice"– Bei diesem Notruf startet der Eisbrecher „Sisu" mit voller Kraft, um eingefrorene Schiffe zu befreien. Ein MERIAN-Team war an Bord

SEITE 86

(K)EIN HUNDE-LEBEN

Der Traum vieler Abenteurer: eine Hundeschlitten-Safari durch Lappland. Für die Huskies das reinste Vernügen, für die Menschen eine Tour der Extreme

SEITE 68

FORMSACHEN

Einfach, aber ausdrucksstark – mit diesem Credo haben Finnlands Designer den Sprung an die Weltspitze geschafft. Wie Mikko Paakkanen, der seinen Stuhl „Nietos", Schneewehe, nennt

SEITE 104

ÅLAND-TOUR

6500 Inseln zwischen Finnland und Schweden. Und nur jede hundertste ist bewohnt. Am besten lässt sich das Reich der Einsamkeit mit Fahrrad und Fähren entdecken

Hinweis: Die großen Lettern (z. B. E 4) in den Texten ab S. 120 verweisen auf die Planquadrate der MERIAN-Karte auf S. 131. Die kleinen (z. B. c /3) ab S. 42 auf den Helsinki-Stadtplan auf S. 130.

An ein gelandetes Ufo erinnert die Kuppel der Felsenkirche im Zentrum von Helsinki (unten). Die Wände aus unbehauenem Fels bieten eine fantastische Akustik im Sakralraum (links)

KIRCHENBAU **Fels** des Glaubens

Vor fast 300 Jahren wurde auf dem Felsenbuckel von Töölö im Zentrum Helsinkis eine Geschützbatterie gegen die Kriegsflotte Peters des Großen in Stellung gebracht. Ihr sollte 1936 ein Bauwerk des Friedens und der Nächstenliebe folgen, eine massive Kathedrale. Doch Winter- und Fortsetzungskrieg stoppten den Bau. Immerhin war ein Bombenschutzraum für 6000 Menschen in dem bereits gesprengten Felsen geschaffen worden. Er liegt unter dem Boden der heutigen Kirche, die dann 1969 ganz anders entstand, als ursprünglich geplant: Die Architekten Timo und Tuomo Suomalainen ließen das gesprengte Loch vergrößern und setzten eine Kuppel aus Glas, Stahl und gewickeltem Kupferdraht darauf. Die Wände blieben in ihrem Urzustand – nackter Fels. Was dem Gotteshaus eine hervorragende Akustik bescherte.

1965

1978

1991

Zwischen 1965 und 1991 war Finnland dreimal Thema eines MERIAN-Heftes. Die Titelbilder zeigten, was in Finnland eine große Rolle spielt: Seen, Holz und Eis

WIE SEE UND SCHNEE **Blau**Weiß

Farben und Fahne wurden 1918 von der jungen Republik als nationale Symbole eingeführt. Mit der gekreuzten Fahne wird die Zusammengehörigkeit mit den nordischen Nachbarstaaten demonstriert, die ebenfalls das Kreuz in ihren Flaggen führen. Am liebsten und stolzesten trägt man Blauweiß bei Eishockey-Spielen, da gehört Finnland zur Weltklasse: 2006 Olympia-Silber in Turin, WM-Bronze in Riga.

NATIONAL-MASKOTTCHEN

Mumin **for President**

Finnlands charmanteste Botschafter sehen aus wie kleine Nilpferde: Die Mumins tragen auf Briefmarken und den Maschinen der Finnair, der „offiziellen Fluglinie der Mumins", ihre Botschaft von Freiheit und Gelassenheit in die Welt. Die Künstlerin Tove Jansson zeichnete 1945 die ersten „Geschichten aus dem Mumintal"– sie wurden in 34 Sprachen übersetzt und gelten als „eines der wertvollsten Werke der Kinderliteratur" (FAZ). Die Mumin-Trolle und ihre Freunde (auf der Briefmarke z.B. der „Schnupferich") sind nicht nur drollig, sondern mal mutig, mal feige, oft fröhlich, aber auch jähzornig und manchmal sogar gemein. Vermutlich haben sie deshalb auch jede Menge erwachsene Fans. Zum Beispiel Präsidentin Tarja Halonen, deren liebevoller Ehrentitel „Mumin-Mama Finnlands" ist. Sie ist stolz darauf!

LORDI Monster mit **Showtalent**

Eine Sensation: Das Monster in der Latex-Maske auf 40 Zentimeter hohen Plateausohlen hängte mit einem „Hardrock-Halleluja" die faltenfrei gespritzte Konkurrenz im seichten Songcontest der Eurovision ab. Leidenschaftlich feiern die Heavy-Metal-begeisterten Finnen ihre gruseligen Nationalhelden. Und stellen klar: Lordi sind zwar Schockrocker, aber keine Satanisten. Der Schlagzeuger der Band komponiert seit Jahren Kirchenmusik.

TANGO Vier Viertel **Melancholie**

Anfang Juli in **Seinäjoki,** Westfinnland, 30 000 Einwohner, Finnlands Zentrum für Butter und Schweineschmalz. Die Nächte sind hell, und Seinäjoki ist für ein paar Tage nicht mehr die „Fettstadt", sondern die **Tangometropole** des Landes. Seit mehr als 20 Jahren tanzen hier am **ersten Juliwochenende** rund 150 000 Menschen bis nachts um vier auf den Straßen und feiern den finnischen Tango. Der ist erotisch und melancholisch wie in Argentinien, es geht um unglückliche Lieben, um vorüberziehende Wolken, um den Tod. Aber der Rhythmus ähnelt mehr einem Vierviertel-Marsch– als dem argentinischen Tango-Takt. Dazu tanzen jung und alt, Freunde und Fremde miteinander – immer zwei Lieder lang. Und wenn es regnet? Wird der Schirm aufgespannt und darunter weitergetanzt.

Sommernacht im Tangoschritt: Viele tanzen in Turnschuhen und kurzen Hosen

FREU DICH!
DU BIST IN
SPANIEN
ESPAÑA
Erkunde die Altstädte des Weltkulturerbes der Menschheitund genieße den Service ihrer Parador-Hotels. Freu dich! Du bist in Spanien.
PARADORES
Hoteles desde 1928
www.spain.info
www.parador.es

lebe 91 leben, erlebe die paradores
Tauchen Sie in die Geschichte ein
Romanische Klöster, Paläste und Burgen. 91 einzigartige Hotels aus Vergangenheit und Gegenwart. Besondere Orte, die Sie eine einmalige Umgebung und unvergleichbare Küche entdecken lassen.
Jeder Parador ist einzigartig. Kommen Sie und entdecken Sie einige von vielen Orten, an denen Sie sich an diesen bemerkenswerten Hotels erfreuen können. Erleben Sie bis zu 91 spanische Paradores.
www.parador.es
PARADORES
Hoteles desde 1928
IBERO TOURS
211-8641520/211864150
www.iberotours.de
PARADORES
+34 902 547 979
www.parador.es

NICHT NUR ZUR Weihnachts**zeit**

Der Weihnachtsmann wohnt – klar – im kalten Norden. Im Werkstattdorf Joulupukin Pajakylä bei Rovaniemi am Polarkreis sorgen er und seine Zwerge für die Erfüllung der Kinderwünsche. Nebenbei beantwortet der *Joulupukki* jährlich 700 000 Briefe und empfängt auch noch Gäste aus aller Welt.
Joulupukin Pajakylä, **Rovaniemi, Jan.-Mai und Sept.-Nov. tägl. 10-17 Uhr. Juni - Aug. 9-19 Uhr Dez. von 9-19 Uhr, www.santaclauslive.com**

In seinem Dorf bei Rovaniemi begrüßt der Weihnachtsmann alle Gäste noch persönlich

TEPPICHPFLEGE Sauber**männer**

Am Kaivopuisto, dem Brunnenpark, wird nichts unter den Teppich gekehrt. Hier machen Helsinkier klar Schiff mit den häuslichen Bodenbelägen. Am Ostseeufer gibt es spezielle Waschstege, eine Wurzelbürste muss man mitbringen. Am 12. Juni, dem Helsinki-Tag, findet immer ein Freilichtkonzert statt. Dann wird im Takt geschrubbt.

Zahlenspiel

8
Schneedeponien unterhält Helsinki, eine direkt am Meer. Dort wird der Schnee in die Ostsee gekippt

11,5
Kilogramm Rohkaffee pro Kopf und Jahr halten Finnland munter: Weltrekord

50,4
Grad minus wurden 1985 in Finnland gemessen, die tiefste Temperatur im Land seit 1900

73
Nächte lang versinkt die Sonne im Norden überhaupt nicht hinter dem Horizont. Und an 51 Tagen geht sie gar nicht erst auf

130
Liter Milch pro Kopf und Jahr – der zweite Weltrekord im Trinken

1328
Meter hoch ist der Halti und damit der höchste Berg Finnlands

2 000 000
Saunas gibt es offiziell in Finnland (wahrscheinlich stark untertrieben)

5 000 000
Mobiltelefone sichern die Kommunikation von 5,3 Millionen Finnen

WM KURIOS Lust**spiele**

Die Finnen sind Weltmeister im Erfinden verrückter Weltmeisterschaften. Luftgitarrenspiel- und Handyweitwurf-WM werden inzwischen woanders kopiert, doch für die Schlammfußball-Weltmeisterschaft (Foto) muss man erstmal einen Sumpf wie den Vuorisuo bei Hyrynsalmi finden. Weitere WM-Disziplinen: Sauna, Karaoke und auch die Weltmeisterschaft im Erfinden von schmutzigen Sprüchen. Bleibt noch die wohl kurioseste von allen: die WM im Weittragen von Frauen.

ES SIND DIE UNBERÜHRTEN LANDSCHAFTEN, DIE TAUSENDJÄHRIGEN TRADITIONEN, DÜFTE, GESCHMÄCKER UND GEFÜHLE, DIE DIESE REGION EINZIGARTIG AUF DER WELT MACHEN. ALL DIESE DINGE FINDEN SIE IN EINEM GLAS CHIANTI.
CHIANTI
DOCG
CONSORZIO VINO CHIANTI
ARMANDO TESTA
c.chianti@chiantisuperiore.it
AM TISCH ENTDECKT MAN DIE SCHÖNSTEN HÜGEL DER TOSKANA.

Reise durch ein Land des stillen Glücks...

Viele Kilometer kein Haus, keine Straße, nur überwältigende Natur. Trifft man schließlich einen Menschen, schweigt meistens auch er und genießt den leisen Frieden im hohen Norden

Von mythischer Bedeutung sind die Koli-Berge am nordkarelischen Pielinen-See für die Finnen. Sie widerstanden der nacheiszeitlichen Erosion und sind mit 347 Metern im flachen Finnland geradezu hoch

Foto: Marc-Oliver Schulz

Foto: Max Galli

Schlanke Birken wachsen um die Wette. Der Wald im Osten des Landes ist nicht nur dunkel und dräuend, sondern auch heiter und hell. Auf jeden Finnen kommen knapp fünf Hektar Wald. Entsprechenden Platz nimmt er in ihren Herzen ein

... in den
weißen Wald
von Kerimäki

Der Herrenhof in Palokki bei Heinävesi wurde zum Exil von orthodoxen Nonnen, die 1940 vor den Sowjets aus dem heute russischen Ostkarelien flüchteten und ihr Kloster Lintula hierher verlegten. Es steht auch Gästen offen

... an die Vorposten karelischer Kultur

Foto: Bryan and Cherry Alexander

... immer den Geweihen nach

Rentierscheidung in Finnisch-Lappland. Die halb domestizierten Herden werden im Spätherbst für die Schlachtung oder die Aufzucht voneinander getrennt. Die Samen leben immer noch zum großen Teil von der Tierhaltung, aber keinesfalls archaisch: Viele überwachen ihre Herden mit dem Scooter oder Hubschrauber

Foto: Markku Tano

Über fast 1000 Hektar erstrecken sich die Kesonsuo-Sümpfe im Norden Kareliens. Mit dem Boot an einer der tausenden von kleinen Inseln anzulegen, ist verboten. Das riesige Areal steht als Rückzugsgebiet für Vögel unter Naturschutz

... zum Dreiklang von
Wasser,
Land und Himmel

Das riesige Wasserreich Finnlands macht zehn Prozent der Landesfläche aus. Auf den größeren, labyrinthischen Seen weiß man nie, was hinter der nächsten Biegung, der nächsten Insel auftauchen wird. Segler, Yachten und Kanuten kommen sich selten in die Quere, auf 190 000 Binnengewässern ist Platz genug für alle

Foto: Marc-Oliver Schulz

... auf die
Sunde
und Inseln

Suomi auf der Couch

Finnland hat ein Image-Problem: Allen Erfolgen zum Trotz hält sich das Klischee von der Heimat schwermütiger Sonderlinge. Ein Versuch, die finnische Psyche zu verstehen

Von Anja Haegele

Es pielt kaum eine Rolle, auf welche Rangliste man schaut; an der Spitze steht (fast) immer: Finnland. Das Land mit der höchsten Produktivität, dem mittelfristig höchsten Wachstumspotenzial, dem höchsten technischen Entwicklungsstand und der geringsten Korruption der Welt. Selbst die unbegabtesten finnischen Kinder können besser lesen und rechnen als durchschnittliche Gleichaltrige in anderen Ländern, und in der Rangliste der Forschungsnationen wird Suomi nur von Schweden übertroffen.

1. Finnen geben nicht beim ersten Rückschlag auf

Müssen wir also zum Wohle unserer Nachkommen gen Norden auswandern? Ist Finnland das Paradies? Oder nur ein Streber-Land, das nach dem Lob öffentlicher Oberlehrer dafür geifert, dass es seine Hausaufgaben besonders gut macht? Als Finnland am 1. Juli 2006 die EU-Ratspräsidentschaft übernahm, waren sich die meisten Kommentatoren nur darüber einig, dass es das exotischste Land der Union ist. Und „exotisch" war in diesem Zusammenhang ein nettes Synonym für „Die spinnen, die Finnen."

Man kann es den Damen und Herren, von denen wohl die wenigsten je vor Ort waren, kaum verübeln, ist doch die Nachrichtenlage südlich der Ostsee wie folgt: Tageszeitungen drucken im Vermischten, welch gewöhnungsbedürftige Hobbies man kurz vorm Polarkreis pflegt: Eislochschwimmen und Handy-Weitwurf, in Schrei-Chören, hm, kann man „singen" sagen? Im öffentlich-rechtlichen Fernsehen war live zu verfolgen, wie horrormaskierte Monsterrocker den Eurovision-Songcontest entehrten. Und selbst Intellektuelle, die sich im Programmkino Filme von Aki Kaurismäki ansehen, haben alles andere als ein heiteres Bild des Landes vor Augen. Dunkle Nächte, grauenvoll gekleidete Menschen, zerfurchte Gesichter, schweigsame Schwermut und, sowieso, Alkoholmissbrauch.

Und das soll das Land mit den Erfolgsbilanzen sein? Angesichts dieses Paradoxons glaubt der Kommentator an Wahrnehmungsstörungen. Ein Psychologe würde sagen: behandlungsbedürftig. Verordnet werden: Recherchereisen!

Säße auf der Couch des Psychologen nicht der Kommentator, sondern ganz Finnland, dann käme wohl als erstes eine beinahe zwanghafte Gewissenhaftigkeit zur Sprache. Behutsamer formuliert könnte man diese Nationaleigenschaft Ernsthaftigkeit nennen.

2. Finnen fürchten nichts mehr als Smalltalk

Denn entweder eine Sache interessiert die Finnen nicht. Oder sie nehmen sie verdammt ernst. Ganz oder gar nicht ist die Devise etwa beim Alkohol. Viele Finnen finden, dass es sich nicht lohnt, nur ein bisschen zu trinken. Das Feierabendbierchen, das kleine Glas Wein zum Essen – der Durchschnitts-Finne schätzt sie nicht. Alkohol ist teuer – warum sollte ihn bezahlen, wer keinen Rausch will? Das wahre Nationalgetränk ist: Filterkaffee. Den trinkt man mit Vorliebe so scharf geröstet, dass Italiener über Magenschmerzen klagen, wenn sie mehr als eine Tasse davon konsumieren. Die Finnen dagegen empfinden den italienischen Caffè als weichgespülte Zumutung. Weshalb viele die heimischen Bohnen auch im Urlaubsgepäck gen Süden schleppen. Da wundert es nicht, dass in der europäischen Kaffee-Verbrauchs-Statistik (mal wieder) Finnland führend ist. Übrigens nicht beim Alkoholkomsum: Da steht es auf dem vorletzten Platz. Weniger pro Kopf und Jahr trinken nur noch die Schweden.

Doch zurück zur Gewissenhaftigkeit. Sie rührt auch daher, dass Finnen gnadenlos hohe Ansprüche an sich selbst und alles Finnische stellen. Stichwort: Pisa-Studie. Die Schüler im Land schneiden im Leistungsvergleich nicht deshalb besser ab, weil sie schlauer sind. Sie besuchen aber sehr gute Schulen und werden von hoch motivierten Lehrern unterrichtet. Denn ein Schulsystem mit Mängeln, weniger gut durchdacht oder womöglich mittelmäßig – das käme in Finnland nicht in Frage.

Ähnlich empfindet man bei technischen Entwicklungen: Wenn Nokia Mobiltelefone baut – dann bitte die benutzerfreundlichsten der Welt. Wenn Gesetze zur Vereinbarkeit von Mutterschaft und Berufstätigkeit erlassen werden, dann führen sie dazu, dass 70 Prozent aller Mütter arbeiten. Es gäbe noch viele weitere Beispiele. Und wie damals in der Schule, pöbeln die Rüpel aus der letzten Reihe: „Ihr Streber"!

Eine Freundin, sie ist Juristin und hat lange Zeit für die finnische EU-Behörde gearbeitet, findet den Vorwurf berechtigt: „Streber, das sind die Kinder mit den schlimmsten Ängsten, die dem Lehrer am besten gefallen wollen." Sie nickt mit dem Kopf, von

Empörung keine Spur: „Ja, es ist wahr. Wir Finnen sind streberhaft bemüht, immer alles richtig zu machen. In der EU habe ich gesehen, wie lässig Italiener, Griechen und auch die Deutschen mit den Gesetzen umgehen. Nur wir Finnen befolgen immer jede Richtlinie bis auf den letzten Buchstaben."

Finnen bleiben bei Rot an der Ampel stehen, sie schummeln nicht bei der Steuererklärung, und wer außer Finnland hat seine Kriegsschulden nach dem Zweiten Weltkrieg komplett zurückbezahlt? 300 Millionen US-Dollar. 1952 bereits, pünktlich vor der Olympiade in Helsinki, wurde die letzte Rate überwiesen. Die Freundin glaubt, eine angeborene Angst, den Ansprüchen nicht zu genügen, treibe zur gesetzestreuen Perfektion.

Für den Psychologen klingt das logisch. Er diagnostiziert Zwangsneurose und kollektiven Minderwertigkeitskomplex, bedingt – mag sein – durch jahrhundertelange Besatzung. Erst Schweden, dann Russland, zwei Großmächte, die das kleine Land nach Gutdünken hin- und herschubsten und zwischen sich aufteilten. Ausgehalten haben die Finnen das wohl nur wegen ihrer zweiten Nationaleigenschaft, der wichtigsten, wie sie selbst finden, dem *sisu*. Das heißt auf Deutsch, je nach Finnophilie des Übersetzers „Sturheit" oder „Beharrlichkeit" oder, wie der Reichstagsabgeordnete Lasse Virén es formuliert: „Ein Finne gibt nicht beim ersten Rückschlag auf."

Lasse Virén ist ein perfekter Zitatgeber zum Thema. Er ist Langstreckenläufer und weltberühmt. 1972, bei der Olympiade in München, im 10000-Meter-Finale stieß er mit einem Gegner zusammen, fiel, rappelte sich auf, kämpfte sich an die Spitze und siegte mit Weltrekordzeit. Über 5000 Meter holte er einige Tage später die zweite Goldmedaille. 1976, bei den Sommerspielen in Montréal, konnte er den Doppelsieg wiederholen. Das ist keinem Läufer außer ihm je gelungen. Der Psychologe nennt es: Persistenz. Der Finne sagt: *sisu*.

Und es wäre ihm furchtbar unangenehm, dass wir ihn jetzt für seine angenehmste Eigenschaft loben: die Bescheidenheit. „*Punainen tupa ja peru na maa*" – ein rotes Häuschen und einen Kartoffelacker, das wünscht man zur Hochzeit, ein Sinnbild fürs kleine Glück. Etwas Besonderes sein zu wollen, gilt als unschicklich. Sparsam sein, nicht auffallen ist ge-fragt, Understatement. Deshalb ist es in Finnland so gut wie unmöglich, Menschen nach ihrem Äußerem zu beurteilen. Ein Mann im Holzfällerhemd, mit ausgeleierten Jeans und klobigen Schuhen, die Haare schlecht geschnitten, kann Universitätsprofessor sein, und eine Frau, die im ballonseidenen Jogginganzug spazieren geht, ist womöglich Personalchefin.

3. Finnen träumen vom kleinen Glück

Status jedenfalls definiert sich in keinem Land Europas so wenig über Äußerlichkeiten wie in Finnland. Und es gibt wohl nur eine Charakterschwäche, die schärfer verurteilt wird als Oberflächlichkeit: Geschwätzigkeit. „Die Finnen sind ein Volk, das in zwei Sprachen schweigt", hat Bertolt Brecht festgestellt. Als Grund für diese viel zitierte Schweigsamkeit wird gern das raue Klima verantwortlich gemacht, die Einsamkeit auf dem Land oder schlicht Schüchternheit. In Wahrheit ist es die Furcht vor der Banalität des Smalltalks.

Was bleibt dem Psychologen zur Analyse? Die Schwermut. Als Melancholie wird sie mit Leidenschaft gepflegt. Tieftraurige Tangos gehören zum nationalen Kulturgut, die Sehnsucht nach Liebe und Licht, die Wehmut, dass die Vorfahren sich keinen sonnigeren Platz zum Siedeln gesucht haben. Die langen Winter müssen oft als Verantwortliche herhalten für Depressionen und erschreckend hohe Selbstmordraten. Wäre die dunkle Jahreszeit tatsächlich schuld, müssten die Statistiken in Norwegen und Schweden allerdings ähnlich horrend sein. Was nicht der Fall ist. Der Psychologe forscht also weiter.

4. Finnen sehnen sich nach hellen Nächten

Und, ganz ehrlich, liebe Finnen, niemand will abstreiten, dass November und Dezember auch im äußersten Süden des Landes ziemlich scheußliche Monate sind. Es wird erst hell, wenn man längst im Büro ist und dunkel, viele Stunden bevor man es verlässt. Aber Hamburg ist, glaubt es uns, im Winter auch nicht gerade ein Paradies. Das bisschen Licht, das man morgens, auf dem Weg zur Arbeit mitbekommt, würde manch einer gern eintauschen, gegen den Schnee, der in Helsinki zuverlässig spätestens im Januar fällt. Der den Matsch unter ein weißes Laken deckt und nach draußen lockt, zum Schlittenfahren und Langlaufen. Ende Februar ist das Licht längst zurück: Abends um sieben ist es dann noch hell genug für einen Spaziergang.

Und auch im dunklen Winter ist Gelegenheit für einen Saunabesuch mit Bad im Eisloch – nach dem das Herz zum Brustzersprengen stark pocht, so dass man später, am Kamin, in unglaublich tiefen, wunderbar erholsamen Schlaf fällt. Fast nichts, das sagt der Psychologe, ist so wichtig fürs Wohlbefinden wie gesunder Schlaf.

Vielleicht sind die Finnen auch deshalb so erfolgreich: Sie sind, der Sauna sei Dank, ausgeschlafen. „Sehr spekulativ" findet der Psychologe diese Vermutung. Sei's drum! Die Sauna ist das, auf was sich alle Finnen als Leitkultur einigen können. Sie ist der Inbegriff des Finnischseins, das einzige Wort aus dieser komplizierten Sprache, das in alle anderen Idiome der Welt Eingang gefunden hat. In der Sauna kommt das Beste, das Innerste, das echte Wesen des Finnen zum Vorschein. Da wird der Ernsthafteste geschmeidig und sogar der Schweigsamste gesprächig. In der Sauna, am See, da findet Finnland zu sich selbst. Nackt und verschwitzt, mit einem Bier in der Hand und Blick aufs Ufer, da weicht jede Melancholie einer tiefen Zufriedenheit. Und Finnland fühlt sich an, wie das, was es ist: Das glücklichste Land der Welt. □

Anja Haegele *war während ihres Psychologiestudiums eine Weile in einen Finnen verliebt. Der Mann ist längst Vergangenheit. Die Liebe zu seinem Land aber ist geblieben und gewachsen.*

WOB NV 62

Der Glanz ist alt, die Szene jung. Moderne Kunst und coole Bars musste man vor zehn Jahren noch suchen. Doch seit Helsinki im Jahr 2000 Europas Kulturhauptstadt war, feiert die „Tochter der Ostsee“ sich selbst als Treffpunkt der Künstler und Kreativen. Und hat dabei ihren Spaß

Text: Anja Haegele, Fotos: Miquel Gonzalez

HELSINKI

Die kühle Schöne entdeckt das wilde Leben

Majestätisch thront der Dom auf einem Felsen und prägt die Silhouette der Stadt. Die klassizistischen Paläste am Markt (vorne) stammen vom selben Architekten: Carl Ludwig Engel, Baumeister des Zaren

In Agentenfilmen war Helsinki während des Kalten Krieges oft das Double von Leningrad, weil die Stadtbilder, hier die Aleksanterinkatu, sich ähneln. Manchmal hört man noch heute Russische Musik in den Straßen

Im Sommer wollen alle nur eines: Raus in die

SoNne

Die Künstlerin und ihr Quartier: Heta Kuchka lebt seit ihrer Geburt im ehemaligen Arbeiterviertel Punavuori, weiter als sechs Blocks ist sie nie umgezogen

Schmuckstück des Art déco: Der Glaspalast aus den Dreißigern wurde zur Jahrtausendwende wieder aufgebaut

Sommer in der Stadt: Mehr als eine Wiese und eine Decke braucht man nicht zum Entspannen im Vanha Kirkkopuisto, dem Alten Kirchpark mitten in Punavuori

Musik macht das Leben schöner: Im Club „Rose Garden“ garantiert sie durchtanzte Nächte

Restaurant, Bar, Lounge? – Alles in einem! Der Designtempel „Mecca“ wurde nur mit Materialien aus Finnland eingerichtet

Tanzen, Essen, Relaxen: Helsinki macht

SpAsS

Ein Haus, das im Inneren zu tanzen scheint. So wirkt das Kiasma-Museum von Stararchitekt Steven Holl. Die schwebenden Schwäne sind Teil der Installation „Schwanensee“ von Gerda Steiner und Jörg Lenzlinger

Helsinki! Wer je an einem Sommertag mit dem Schiff im Südhafen ankam, ist diesem Bild verfallen: voraus die weißen Türme und die grün leuchtenden Kuppeln des Doms. Rechter Hand die roten, von Gold gekrönten Türme der russischen Kathedrale. Und zu beider Füße der Markt am Hafen mit den orangenen Planen der Stände, an denen frischer, geräucherter und gesalzener Fisch angeboten wird und riesige Mengen roter, blauer und gelber Beeren.

Die meisten Besucher erkunden die Stadt von hier aus in einem winzigen Radius, auf der Touristen-Achse vom Marktplatz zum Senatsplatz, die Esplanade hinauf bis zum Glaspalast, dem gegenüber das Kiasma steht, und wieder zurück. Andere Stadtviertel haben kaum eine Chance. Das spröde Studentenviertel Kallio so wenig wie das reiche Töölö mit seinen prächtigen Jugendstilhäusern und auch nicht das kreative Punavuori.

Ruhiger Hafen: Pause bei großen Pötten

Dabei liegt Punavuori, der rote Hügel, nur ein paar Straßenzüge entfernt vom Zentrum. Es reicht, sich treiben zu lassen, in die Richtung des alten Hietalahti-Hafens, hinauf über holpriges Kopfsteinpflaster, vorbei an Art déco- und Jugendstilhäusern. Dies war ein Arbeiterviertel, Anfang des 20. Jahrhunderts erst gebaut, hier wohnten die Männer, die in den Werften schufteten oder in der Kabelfabrik von Nokia (s. S. 44) und mittags in schummerigen Eckkneipen Kartoffelauflauf aßen und Milch dazu tranken.

Heta Kuchka, 32 Jahre alt, Foto- und Videokünstlerin, ist in Punavuori geboren und hat ihr ganzes Leben in diesem Viertel gewohnt, weiter als sechs Blocks ist sie nie umgezogen. Heta Kuchka ist ein Shooting-Star. Gerade wurde sie zur „Künstlerin des Jahres" gekürt, ein Titel, mit dem ein Stipendium über 20000 Euro verbunden ist. Eine bildschöne junge Frau, schlank, blond, mit einem Strahlemund, wie ihn Julia Roberts hat, und wenn sie die übergroße Retro-Brille von Yves-Saint-Laurent absetzt, sieht man ihre leicht schräg stehenden grünen Augen.

Heta Kuchka liebt es, sich selbst zu inszenieren. Beim Kaffeetrinken, im Interview, in ihrer Kunst. Für ihr jüngstes Projekt „Für immer Dein" hat sie acht Mal an einem Tag geheiratet: „Ich wurde verlassen. Von dem Mann, den ich heiraten, mit dem ich Kinder haben wollte." Um den Schmerz zu besiegen, hat sie acht Männer vor einen Kamera-Altar geschleppt. Und mit Hochglanz-Fotos und einem Video dokumentiert, „dass man sich noch nicht mal kennen muss, um auf Bildern die perfekte Illusion vom Glück zu erzeugen."

Sie hätte sich eine Ehe gewünscht, wie ihre Eltern sie hatten, „bis dass der Tod Euch scheidet". Vor sechs Jahren ist ihr Vater gestorben, ein Amerikaner, der für die Finnin, die er Ende der sechziger Jahre in Ungarn beim Trampen kennen lernte, sein Leben in den Staaten zurückließ. „Mit einem Koffer kam er nach Helsinki. Und ist nie wieder gegangen", seufzt Heta. Sie wollte immer wissen, wie ihr Leben gewesen wäre, wenn statt dessen die Mutter in die USA gezogen wäre. In ihrem viel gerühmten Projekt „Was wäre wenn?" hat sie sich ein Kunstleben in den USA geschaffen.

Und war danach heilfroh, wieder in Helsinki zu sein. Auch weil Punavuori, der ehemalige Arbeiterstadtteil, längst zum Trend-Viertel mutiert ist. Die Werften wurden geschlossen und aus der alten Kabelfabrik ist „Kaapeli" geworden, ein Kulturzentrum mit Galerien, Bühnen und Cafés. 317000 Kubikmeter Raum für die Kunst. Der Manager des Kaapeli, Heavy-Metal-Fan Stuba Nikula, vergleicht seine Kulturfabrik gern mit einem riesigen Schnapsglas: „Könnte man das Gebäude mit Wodka füllen, wären es 1560 Drinks für jeden der fünf Millionen Finnen."

Ein paar der alten Eckkneipen gibt es noch, doch viele sind schicken Bars und Restaurants gewichen, Designshops, Boutiquen, Galerien und Plattenläden. Sie haben sich in einer privaten Initiative zum „Design District" (s. S. 68) zusammengeschlossen, organisieren Events, verteilen Stadtpläne und geben Tipps. In etlichen dieser Läden kann man die Kreationen von Noora Niinikoski und Piia Rinne kaufen, beide gehören zu den Pionieren der neuen Szene. Die beiden Modekünstlerinnen nähen Stoffcollagen, grienende Katzen, grellbunte Fische und grimassenhafte Totenköpfe auf ihre Kleider, jedes Stück ein Unikat, so schräg, dass es beleibe nicht jedem gefällt, aber immer verspielt und witzig. „Ich will, dass Mode Spaß macht", sagt Noora, „so wie gute Musik Spaß macht oder gutes Essen. In Helsinki haben die Menschen das erst kürzlich gelernt: Mode, Kunst, Musik und Essen machen Spaß und das Leben schöner."

Fragt man nach dem Zeitpunkt der Erkenntnis, wird oft das Jahr 2000 genannt, in dem Helsinki europäische Kulturhauptstadt war. Mindestens genauso wichtig für den Wandel der Stadt war 1998 die Eröffnung des Museums für Moderne Kunst, Kiasma, mit dem der New Yorker Architekt Steven Holl berühmt wurde. Ein Gebäude, das im Inneren zu tanzen scheint, mit sich auf vier Etagen überlappenden, runden Galerien. Die Fassade ist aus handpoliertem Aluminium und Glas, das Dach aus vorpatiniertem Zink, wie ein Leuchtkörper schwebt das Museum nächtens über dem Töölö-See.

Kiasma ist ein Symbol für Helsinkis Aufbruch geworden, undenkbar, dass

Von klassisch-kühler Schönheit: Gründerzeit-Architektur auf der Pohjoisesplanadi

Brücke in die Vergangenheit: Ein hölzerner Steg führt zur romantischen Museumsinsel Seurasaari

Modekünstlerinnen im selbst Geschneiderten: Noora Niinikoski (r.) und Piia Rinne (l.) auf dem Hietalahti-Flohmarkt

Egal an welcher Ecke der Stadt: Man ist immer nah am

WASSER

Spannend ist die Mischung: Aus Mode wird

KunsT

Maler Jani Leinonen (l.) macht Werbung mit Lust, versieht Erotikposter mit finnischer Mode

an seinem Platz jahrzehntelang ein städtebauliches Nichts aus Straßenkreuzungen existierte. Längst haben das auch die Lästerer akzeptiert, die beim Bau noch fragten, ob „so etwas" neben der Statue des Volkshelden Freiherr von Mannerheim stehen darf. Auf dem Platz vor dem Museum treffen sich die Skater, und auf der Wiese dahinter wird im Sommer gepicknickt.

Das Kiasma-Café ist der Lieblingsort von Liisa Jokinen. Vor knapp einem Jahr hat sie „Hel Looks" gegründet, eine Website, auf der sie Streetfashion-Fotos veröffentlicht. Ihre Kamera trägt Liisa stets bei sich, mehr als 300 Männer und Frauen in lässigen Outfits hat sie auf ihrer Seite im Netz versammelt, jeden Tag klicken fast 6000 Fans www.hel-looks.com an. Ihre anfängliche Angst, schnell alle Fashionistas der Stadt durchfotografiert zu haben, hat sich längst gelegt. „Helsinki hat viel Potenzial. Die Leute interessieren sich für Stil, sind sehr kreativ und basteln sich ihren eigenen Look." Liisas Leben hat sich dank „Hel Looks" um 180 Grad gewendet. Ihren Job bei der Fachzeitschrift für die Plastikwirtschaft hat sie aufgegeben, schreibt jetzt für das Style-Magazin „Image": „Ständig bekomme ich Anfragen von Ausländern, die wissen wollen, was sie in Helsinki Cooles unternehmen können."

Liisa verweist die Fragenden an „Citysherpa", ein Projekt von Radio Helsinki, in dem Einheimische Besucher kostenlos an ihre Lieblingsplätze führen: Ein Langstreckenläufer nimmt Touristen mit zum Joggen, eine Künstlerin führt durch Off-Galerien, und Antti Virtanen, der gerade über Holzmarketing promoviert, zeigt Musikfans die besten Plattenläden. Nach einem Sommer als Citysherpa hat Antti neue Freunde aus aller Welt. Er weiß, sie werden ihm ihre Städte zeigen, falls er dorthin reisen sollte. Und er hat gelernt, Helsinki mit den begeisterten Augen der Gäste zu sehen: „Nach jeder Tour finde ich die Stadt ein bisschen schöner und interessanter."

Es scheint, als hätten die Touristen die Wandlung Helsinkis von der verschlafenen „Tochter der Ostsee" zur Trendmetropole schneller verstanden als viele Einheimische. Mikko Numminen, Chefredakteur von „Image", erklärt: „Viele Finnen denken, Helsinki sei zu klein, um cool zu sein. Aber das stimmt nicht. Die Szene ist zwar nicht groß, aber eng verwoben, man sieht sich oft, das ist sehr fruchtbar. Künstler arbeiten mit DJs, Restaurants präsentieren Performances und Designer organisieren Projekte mit Galerien – eine wirklich spannende Mischung."

Einer, der fast immer dabei ist, wenn in Helsinki etwas Neues entsteht, ist Jani Leinonen. Der 27-Jährige mit dem wirren Lockenkopf ist Graphiker, Maler und Konzeptkünstler, er hat überall auf der Welt gearbeitet, aber nie daran gedacht, Helsinki zu verlassen: „Die Leute hier sind leicht zu begeistern. Ein oder zwei Anrufe und eine Nacht drüber schlafen – meist habe ich dann schon Partner für ein neues Projekt."

Im Moment bereitet Jani eine Ausstellung für „Ivana Helsinki" vor, ein junges Modelabel, das in Europa und Asien längst Kult ist. Jani bemalt Erotik-Poster aus den Siebzigern mit der neuen Kollektion – er zieht die Porno-Puppen an, mit luftigen Kleidern, bedruckt mit Schmetterlingen, so unschuldig, dass die lasziven Mädchen darin verstörend deplatziert wirken.

Paola Suhonen, der kreative Kopf hinter „Ivana Helsinki", ist begeistert von den Werken. Auch sie, die den Namen ihrer Heimatstadt zur Marke erhoben hat, könnte nirgends anders arbeiten, als hier. Doch ihr geht es nicht um Szene und Urbanität, sondern um die Natur. Sie ist in Paolas Augen Helsinkis größer Trumpf: 98 Kilometer Küstenlinie, 315 Inseln, 164 heimische Vogelarten - aber nur eine halbe Million Menschen. An lauen Juliabenden, wenn das diffuse Licht der Mitternachtssonne über der Stadt liegt, sind alle draußen: In den Parks drängeln sich Picknick-Gesellschaften, an den Stränden feiert die Jugend sich selbst und den Sommer.

Was nicht bedeutet, dass es im Winter und drinnen weniger zu erleben gäbe: Mehr als 900 Restaurants zählt die Stadt, einige sternegekrönt, viele der modernen skandinavischen Küche verpflichtet. An den Wochenenden sind die Straßen morgens um vier voller als wochentags während der Bürostunden und vor den hippen Clubs stehen sich

Ein Museum wird zum Motor der

SzeNe

Nachtschwärmer auch bei Minustemperaturen die Beine in den Bauch.

Der große Vorteil: Alle Wege sind kurz. Wo sonst kann man an einem Tag auf einer Insel Beeren und Pilze sammeln, in der Rauchsauna entspannen, im Sternerestaurant speisen, in einer verqualmten Bar Hardrock-Karaoke singen und danach im ultra-gestylten Club tanzen?

Helsinki hat so viel mehr zu bieten als den Blick vom Meer auf Dom und Kathedrale. Aber es ist gut, dass das berühmte Klischee die Sehnsucht weckt: Denn wer es einmal gesehen hat, der wird süchtig nach dieser Stadt. Er wird wieder kommen. Und es dann wagen, den roten Hügel zu stürmen. □

Miquel Gonzalez, *Fotograf aus Amsterdam, war begeistert von der Kreativität und Leichtigkeit, mit der die Finnen Arbeit und Genuss verbinden.*

Kiasma: Kunst am Bau ist Programm

MERIAN | TIPP Helsinki

SHOPPEN UND SCHAUEN

(b/c 4) Helsinki 10
Hier gibt es alles, was im finnischen Modedesign Rang und Namen hat, auch die Kreationen von Rinneniinikoski.
Eerikinkatu 3
Mo-Fr 11-20, Sa 11-18 Uhr

(b 5) Hietalahti Flohmarkt
Vintage-Klamotten, Möbel, Schmuck und netter Plunder – immer einen Besuch wert!
Hietalahdentori, *Mo-Sa 8-14, im Sommer auch 15.30-20 und So 10-16 Uhr*

(c 4) Ivana Helsinki
Der einzige Flagshipstore des trendigsten finnischen Modelabels: mit Vögeln, Schmetterlingen oder Blumen bedruckte Stoffe und betont weibliche Schnitte.
Uudenmaankatu 15
www.ivanahelsinki.com
Mo-Fr 11-19, Sa 11-16 Uhr

(c 4) Myymälä2
Ziemlich abgerockter aber höchst kreativer Laden einer Designer-Kooperative. Verkauf von Comics, Musik, Taschen und Klamotten, viele Unikate von winzigen Trend-Labels, Ausstellungen.
Uudenmaankatu 23
www.myymala2.com, *Di-So 12-18 Uhr*

(c 5) Viiskulma
„Fünf Straßen" heißt die Kreuzung von Fredrikin- und Laivurinkatu – ein kleines Shoppingparadies mit Secondhand- und Plattenläden, Cafés und kleinen Galerien, z. B. „Huuto", einer Kooperative, der auch die Künstlerin Heta Kuchka angehört.
Mo-Sa, später Vormittag bis ca. 19 Uhr

ESSEN UND TRINKEN

(c 4) Demo
Zwei junge Köche bringen „finnischen Freestyle" auf die Teller. Sehr stylish.
Uudenmaankatu 9-11, www.restaurantdemo.fi, *Di-Sa 16-23 Uhr* €€

(a 2/3) Elite
Traditions-Restaurant und Bar im Stil der 50er Jahre. Seither Treffpunkt von Künstlern, Schauspielern und Musikern.
Eteläinen Hesperiankatu 22
Mo-Do 11-1, Fr 11-2, Sa 14-2, So 13-23 Uhr €€

(c 4) Mecca
Eine der chicsten Locations der Szene, als Bar so beliebt wie als Restaurant. Auf der Karte: Tapas im skandinavischen Stil.
Korkeavuorenkatu 34, *Mo-Di 16-24, Mi-Do 16-2, Fr-Sa 16-4 Uhr* €€

(d 4) Pos3
Die Spezialität des Hauses ist ein Menü mit kleinem Hauptgericht und sechs (!) Desserts. Köstlich! Nettes, junges Team.
Eteläesplanadi 8, www.postres.fi, *Di-Fr 11.30-14, 18-24, Sa 18-24 Uhr* €€

(a 1/2) Tamminiementien Kahvila
Ein wunderbarer Platz! Eine betagte, etwas grimmige Opernsängerin backt in ihrer Villa die leckersten Torten und Pasteten und beglückt damit ihre Kunden.
Tamminiementie 8
April-Oktober, tgl. 10-22 Uhr €

(c 5) Tori
Treffpunkt der Kreativen in Punavuori: Finnische Küche modern interpretiert und mediterran aufgepeppt, nette Bar.
Punavuorenkatu 2
Mo-Fr 10-02, Sa 12-02, So 14-02 Uhr €

FEIERN UND TANZEN

(c 4) Erottaja
Zentral gelegene Bar in zeitlos-modernem Design. Bunt gemischtes Publikum.
Erottajankatu 15-17
Mo 14-01, Di-Do 14-02, Fr-Sa 14-03, So 14-01 Uhr

(a 4/5) Kaapeli
Kulturzentrum in der alten Kabelfabrik. Galerien, Konzerte, Theater und Tanz.
Tallberginkatu 1, www.kaapelitehdas.fi

(a 1) Korjaamo
Kulturzentrum mit Café und Beach-Club, in einem alten Straßenbahndepot.
Töölönkatu 51 b
Mo-Di 11-23, Mi-Do 11-24, Fr-Sa 11-02, So 11-16 Uhr

(e 1/2) Kuudes Linja
Retro-Club in Kallio mit tollem Musik-Programm und vielen Live-Konzerten.
Kaikukatu 4, www.kuudeslinja.com
Di-Do 22-03, Fr-Sa 22-04, So 19-03 Uhr

(c 4) Rose Garden
Der angesagteste Tanzclub der Stadt in einem gemütlichen Keller. Top-DJs legen auf.
Iso Roobertinkatu 10
www.clubrosegarden.com
Fr-Sa 22-04 Uhr

(c 4) Torni-Bar „Ateljee"
Fantastischer Blick über die Stadt aus dem 13. Stock des Hotel Torni. Auch aus dem nach außen rundum verglasten Waschraum. Tolle Cocktails.
Kalevankatu 5, *Mo-Do 14-1, Fr 14-2, Sa 12-2, So 14-24 Uhr*

>> Die Verortungen (z. B. c 4) verweisen auf den Helsinki-Stadtplan auf S. 130 und die Erklärungen zu den €-Zeichen finden Sie auf S. 124

Der Riese aus dem Wald

Vom Gummistiefel-Fabrikanten zum Global Player der Telekommunikation: Die Erfolgsgeschichte von Nokia war ein Hindernislauf

Text: Jan Kirsten Biener

Nokia ist finnische Provinz. Eine Kleinstadt am See mit acht Tankstellen. Ein riesiger backsteinroter Schornstein überragt die Häuser, Gummigeruch weht durch die Straßen. Reifen werden hier produziert und Papier. Wie früher. Nur die Namen der Unternehmen sind neu.

Denn Nokia hat Nokia längst den Rücken gekehrt, die Firma mit dem Ort nichts mehr zu tun, seitdem Anfang der neunziger Jahre die alten Industriezweige verkauft wurden, um sich auf das neue Kerngeschäft zu konzentrieren: Mobiltelefone. Vom Gummistiefel zum Handy, vom Klopapier zur Kommunikationstechnologie, das ist kurz gefasst die Erfolgsstory von Finnlands Vorzeigekonzern. Nokia – ausgesprochen mit kurzem o und zackigem k – steht so stark für Finnland wie BMW, Becks und Birkenstock zusammen für Deutschland.

1865 wurde das Unternehmen gegründet, 200 Kilometer von Helsinki entfernt. Kurz hinter der Brücke über den Pyhäjärvi-See, in einer Senke liegt die „Fabrik-Insel" am mittlerweile aufgestauten Nokia-Fluss. Wo heute schöne alte Industriegebäude aus dem frühen 20. Jahrhundert das Ortsbild bestimmen, stand vor 150 Jahren Knut Fredrik Idestam. Ein kräftiger Mann mit mächtigen Koteletten und streng nach hinten gekämmten Haaren, der auf einer Studienreise nach Deutschland im Harz Station gemacht hatte und so sehr von der fortschreitenden Industrialisierung begeistert war, dass er Pläne für die Errichtung einer Papierfabrik in seiner finnischen Heimat schmiedete.

An den Emäkoski-Stromschnellen, zur damaligen Zeit noch eine Tagesreise von Helsinki entfernt, fand der Finnlandschwede den perfekten Standort: Energie lieferten die tosenden Wasser genug. Und etwas anderes als Bäume gab es weit und breit nicht. Die Fabrik bestand zunächst nur aus Blockhütten und einem Werkhof, auf dem ab 1869 die Maschinen dampften und zehn Arbeiter schufteten.

Das neue Nokia hat seinen Hauptsitz in Espoo, auf einer Landzunge vor Helsinki zwischen Autobahn und Festland. In einem kleinen Privathafen schaukeln die Yachten. Die gläserne Unternehmenszentrale ist ein elegantes Bauwerk der Neunziger, außen verspiegelt und imposant, innen holzverkleidet und einladend – als ob die globale Firma ihren Landsleuten zeigen will, dass es draußen in der Welt mit harten Bandagen um Umsatz kämpft, um es sich daheim in der nationalen Stube gemütlich zu machen. Gummigeruch und qualmende Schlote passen nicht mehr zum Selbstbild.

In Salo, einer Kleinstadt im Südwesten, in der einst die Radiofabriken von Nokia standen, liegt jetzt das firmeneigene Silicon Valley. Die Fabrikhalle hat die Größe von zwei Fußballfeldern. Handys brauchen nicht viel Platz. Hergestellt werden in Salo ohnehin nur die exklusiven Modelle. Man vertraut in dieser Sparte lieber finnischer Zuverlässigkeit als den Billigstandorten in China. Weltweit rutschen jede Sekunde neun Nokia-Telefone vom Fließband. 729000 am Tag. 265 Millionen allein 2005.

In der Halle brummt es wie in einem riesigen Kopierladen. Kabelverhangene Metallarme heben und senken sich automatisch, die Fließbänder sind vor Elektronik kaum zu sehen, Arbeiter schlendern durch die Gänge und überwachen die Monitore. 500 Menschen arbeiten hier pro Schicht. Weltweit hat Nokia 60000 Angestellte.

Nach der Papierfabrik wurden 1898 die Gummiwerke gegründet, 1912 die Kabelwerke. In den zwanziger Jahren wurden die drei Firmen praktisch zusammengeschlossen. Damals stellte Nokia schon Radios her, 1957 die ersten Fernsehgeräte – die Firma stieg zum größten TV-Fabrikanten Skandinaviens auf. Ab 1971 entwickelte Nokia die ersten finnischen Computer, die dazu genutzt wurden, die Einnahmen der staatlichen Alkoholverkaufsstellen zu zählen.

Über Jahrzehnte orientierte sich das Unternehmen gen Osten. 1948 unterzeichneten Finnland und die Sowjetunion einen „Freundschafts- und Beistandspakt" – Techniklieferungen an das Sowjetmilitär inklusive. Für Björn Westerlund, den ersten Nokia-Chef nach der förmlichen Fusion der drei Werke 1967, stand fest: „Finnland ist ein freies Land, aber wir dürfen die Sowjetunion auch nicht verärgern."

Mal mehr, mal weniger eng mit Russland verbunden, hin- und hergerissen zwischen gewollter Annäherung und Angst vor der Abhängigkeit: Die Firmenhistorie zeigt Parallelen zur Landesgeschichte. Ohne die Geschäfte im Ersten Weltkrieg – als Großfürstentum Russlands war Finnland von Importen abgeschnitten – hätten die Fabriken wohl nie schwarze Zahlen geschrieben. Ohne den lukrativen Handel mit dem sowjetischen

1869 wurde in der südfinnischen Provinz die erste Nokia-Papierfabrik eröffnet. Die Gummiwerke folgten wenig später: Vor allem in den zwanziger Jahren waren finnische Gummischuhe gefragt. Rechts: die Firmenzentrale heute, ein Glaspalast bei Helsinki

Moskau wäre das Unternehmen nie zum international agierenden Konzern geworden. Ohne den Ruin der Sowjetunion wäre Nokia auch nicht gezwungen gewesen, sich neu zu erfinden.

Heute wird Nokia in Finnland vor allem mit zwei Namen in Verbindung gebracht: Kari Kairamo und Jorma Ollila. Kairamo übernahm Ende der Siebziger den Konzern. Skandinavien und der Sowjetmarkt waren ihm längst zu klein geworden. Es galt die Devise: „Go global!". Anfang der achtziger Jahre sagte Kairamo in einem Interview: „Meine Vision ist, dass wir den Tag erleben, an dem stets ein Finne auf der Passagierliste steht, wenn in der Welt ein Flugzeug abstürzt. Das wäre der beste Beweis für die Internationalisierung unseres Landes."

Er war ein Desperado jener Dekade der extremen Globalisierung, investierte in mobile Kommunikation – und zeichnete verantwortlich für einige veritable Fehlentscheidungen. Sein Motto „Aufkaufen und Expandieren" war das Gegenteil dessen, wofür der hoch spezialisierte Konzern heute steht. Bravourös beherrschte Kairamo das Spiel mit der Öffentlichkeit. Traf sich zum Krabbenpulen mit den Größen der Welt und ließ Gorbatschow 1987 vor versammelter Presse mit dem Prototypen des Handys telefonieren, mit dem „Cityman" (Gewicht: fast ein Kilo, Preis: 9000 Mark).

Dann, im Dezember 1988, brachte er sich um – manische Depression. Wenig später implodierte die bisherige Weltordnung. Die Sowjetunion stand vor dem Zusammenbruch. Nokia ebenfalls. Die Ostausrichtung der Wirtschaft entpuppte sich als Fiasko, Nokias Expansionsstrategie als Irrweg. Die Arbeitslosenzahlen stiegen auf 17 Prozent. Es folgten die turbulentesten Jahre des Landes. Und des Konzerns.

1992 rückte Jorma Ollila an die Spitze des dahindümpelnden Unternehmens. Drei Jahre waren vergangen, in denen Nokia richtungslos im Markt trieb wie ein Stück Treibholz im Finnischen Meerbusen. Es drohte der Bankrott. Man sah keine Hoffnung mehr für den Traditionskonzern, dessen Produktpalette allmählich eher einem Import-Exportladen in Bahnhofsnähe entsprach als einem Global Player. Nokia handelte mit Klopapier und Kabeln, Reifen und Regenmänteln, Fernsehern mit veralteter Technik.

Ausgerechnet an Ericsson, den Konkurrenten aus Schweden, wollten die Banken damals Nokia verkaufen. Doch die Schweden lehnten ab. Ericsson wollte nur einige lukrative Zweige des Mischmasch-Konzerns erwerben, Nokia dagegen nicht auf seinen Fernsehern sitzen bleiben.

Ollila war gerade 41 Jahre alt, als er Chef des Unternehmens wurde. Ein Babyface mit dem Mut zur Vollbremsung. Dass er damit richtig lag, war zur Hälfte pures Glück. Und zur anderen geniale Strategie. Alle defizitären Geschäftsbereiche wurden abgewickelt, das Kerngeschäft weiter eingegrenzt.

1992 machte Nokia von Januar bis April noch 34 Millionen Euro Verlust – im August aber war die Bilanz ausgeglichen. Die Handyverkaufszahlen schnellten in die Höhe. Ollila verkündete: „Wir werden Weltmeister im Mobilfunk. Alles andere wird verkauft."

Als er Nokia übernahm, war er ein „Mann ohne Vergangenheit", glich der Hauptperson aus Kaurismäkis gleichnamigem Film: ein trockener Typ ohne Charisma und mit nichtssagendem Gesichtsausdruck. Heute ist er einer der beliebtesten und einflussreichsten Finnen aller Zeiten. Selbst die populäre Präsidentin Tarja Halonen könnte gegen einen Kandidaten Jorma Ollila wohl einpacken.

Im Sommer 2006, nach fast fünfzehn Jahren, dankte König Nokia ab. Die erste Krise nach der Neuausrichtung war da gerade überstanden. „Wir waren ziemlich nervös, als sich die Zahlen 2002 erneut verschlechterten", sagt Pekka Ylä-Anttila, der Direktor des finnischen Wirtschaftsforschungsinstituts, ein schmächtiger Endfünfziger mit gebückter Haltung und Hornbrille: der wichtigste Buchhalter des Landes. „Nokia kam ins Schleudern wegen eines Designdetails!" Dabei galt speziell das Design als Nokias Domäne – bis man den Trend zu Klapphandys verschlief. Der Aufstieg der Firma geriet ins Stocken, Nokia war alarmiert und Finnland schockiert. Mit einem Schlag wurde deutlich, wie abhängig die Wirtschaft des Landes von dieser einen Firma war. Angst vor einer neuen nationalen Krise kam auf. Ollila reagierte, riss das Steuer herum. Heute macht Nokia im Jahr fast 35 Milliarden Euro Nettoumsatz und verkauft seine Handys in mehr Ländern als McDonalds seine Burger.

Im Ort Nokia gibt es mittlerweile kein Festnetz mehr. Dort telefonieren alle nur noch mit dem Handy. □

Jan Kirsten Biener, *geboren 1978, schreibt als freier Journalist vorwiegend über Skandinavien.*

Die Küche im Mökki ist meistens winzig klein und von altertümlichem Charme. Das stört niemanden, sondern gehört zum einfachen Leben am See. Genau wie frische Blaubeeren und das Ruderboot für Ausflüge zum Angeln und Baden

Sie stehen an Seen, kleine Hütten in großer Natur, abgeschieden und auf keiner Karte verzeichnet. Im Mökki verbringen die Finnen ihre freie Zeit und beschränken sich auf die wirklich wichtigen Dinge im Leben: Sauna, Beeren sammeln, den Tag genießen Text: Wolfram Eilenberger

Mein Sommer im Mökki

Ein Ort für abgeschiedenen Urlaub: Ferienhäuschen am See in Lapplands Lemmenjoki-Nationalpark

Foto: Jörg Modrow

Seit Generationen Platz für Geschichte und Geschichten: Das Sommerhaus einer Professorenfamilie auf der Insel Villinge wurde 1880 erbaut, Bilder der Ahnen zieren die Wände

Foto: Ingalill Snitt

Fließend Wasser gibt es nicht, dafür ist der Weg zur Pumpe tägliches Ritual. Genau wie die Abkühlung im See oder der Spaziergang durch saftige Wiesen. Die Hütte ist nur Fixpunkt, das Leben spielt draußen

Urlaub in der Hütte heißt Leben im Freien

Die Lage bleibt Geheimnis: Nur die Besitzer, vielleicht noch deren Freunde, finden zum Mökki am Haapavesi-See bei Savonlinna

Foto: Günter Grüner

Schwitzen, schwimmen und viel Ruhe

Urlaub heißt Anpacken. Jeden Tag werden Holzscheite für die Sauna gehackt, Beeren gesammelt, wird gerudert, gekocht und geschwitzt. Gerade das ist Erholung: Wie auf den heißen Aufguss das kühle Nass, folgt auf jede Anstrengung gleich die Entspannung

Heute wird es mir gelingen: beide Wassereimer, ohne abzusetzen, hinunter bis zum Mökki tragen. Tage voll von selbstgesteckten Zielen, das wäre eine Weise, dieses Leben zu beschreiben. Irgendwo klopft ein Specht. Ich halte Ausschau, kann ihn in der Stille nicht entdecken, sehe nur Birken, die sich golden im Wind wiegen, und Finnlands Farben am Himmel. Seit Wochen kein Regen. Es ist fast ein bisschen unheimlich.

Der Weg zum Brunnen ist der erste des Tages. Unzählige andere werden folgen, entlang den schmalen Waldpfaden, die die Fixpunkte dieser Welt am See miteinander verbinden; vom Brunnen zur Hütte, von der Hütte zum Steg, nah am Ufer das Schlafhüttchen für Gäste, der andere Weg steil hinauf führt zur Sauna, gleich dahinter der Holzschuppen, und natürlich auch der lange Wurzelpfad über die Anhöhe hinweg, wo das Plumpsklo wartet.

Es ist mein zehnter Sommer hier, im Mökki am Suontee-See, keine zwei Autostunden nördlich von Helsinki. Ich zögere, es Urlaub zu nennen. Eher geht es um eine andere Form des Alltags, ein Alltag, der nicht sorgenfreie Tatenlosigkeit ersehnt, sondern sein Glück in gelassener Tätigkeit sucht. So jedenfalls lernte ich es in langen Jahren begreifen, zunächst nur in diese finnische Frau verliebt, schon bald in ihr Land, schließlich auch in das Familien-Mökki.

Leicht fiel es nicht. Zu vieles schien zu fehlen. Vier Personen gedrängt auf 50 Quadratmeter, kein fließend Wasser, weder Fernseher noch Telefon, das Handy ohne Empfang, der Kühlschrank aus den fünfziger Jahren, die Tische zu klein, die Stockbetten hart. So ist es bis heute geblieben. Lediglich die Leseecke verspricht für Regentage ein wenig Liegekomfort. Mökki, das heißt zwar wörtlich „Hütte", aber die Hütte selbst hat kaum Bedeutung. Das Leben ist hier nur als Leben im Freien gedacht – und auch nur im Freien zu ertragen. Bereits die finnische Sprache, mit ihrem feinen Sinn für die Ortsbestimmung, sagt es in aller Deutlichkeit. Wer sich für dieses Dasein entscheidet, verlebt seine Sommermonate *mökillä* (um die Hütte herum) und nicht etwa *mökissä* (im Mökki).

Mökillä aber wartet immer Arbeit, und das nicht erst, seit unsere Zwillinge sich in immer neuen Spielen über die Pfade jagen. Ein Mökki, mit allem, was ihm zugehört, ist vor allem eines: ist Projekt, fortwährend in Planung, nie fertig – und wenn ich es richtig verstehe, soll es das auch ewig bleiben.

Am Plumpskloverhau steht ein Nagel gefährlich hervor, die Tür zum Schuppen schließt nicht mehr, die

Schwimmendes Schwitzhaus: Eine Sauna gehört zur kleinsten Hütte, am besten wie hier bei den Åaland-Inseln nicht nur am, sondern gleich auf dem Wasser

ersten beiden Planken des Stegs knarren verdächtig. Das wäre zu tun, allein heute. Aber heute wird das nicht getan. Zum Vormittag werden wir nämlich mit den Kindern hinaus auf den See rudern, und spät am Nachmittag kommt *Ukki* (Großvater) zu Besuch – mit großem Autoanhänger, diversen Werkzeugkästen sowie Kreissäge. Ukki hat immer noch besondere Pläne. Zu Weihnachten versprach er den Mädchen ihr eigenes lebensgroßes Spiel-Mökki, wohl, damit sich die beiden mit ihren Puppen leichter in den ewigen Hütten-Zyklus aus Kochen, Spülen, Kartoffelnschälen und Beerensammeln einfinden. Beeren, Beerensträucher, überall, in meergleichen Feldern umgeben sie uns. Würde es nur endlich regnen, eine Nacht nur, kämen auch die Pilze, und Hunderte frischer Pfifferlinge säumten am Morgen den Weg zum Brunnen.

Tief schneiden die Henkel der Eimer ins Fleisch. Gleich geschafft. Dort unten sitzen sie mökissä schon zum Frühstück bei dunklem Brot, Joghurt und Walderdbeeren. Nur einmal noch ansetzen, im Vorbeigehen die „Wagners" grüßen, eine Eidechsenfamilie, die seit Jahren unter den Stufen unserer Veranda haust. Recht bedacht die einzigen Mökki-Tiere, zu denen ich ein liebevolles Verhältnis pflege. Alle anderen bleiben Feind. Nicht nur die Mücken und Bremsen, vor allem die Hirschlausfliegen, die hier Elchfliegen, *hirvikärpänen,* heißen. Jeden Abend pulen wir sie einander aus den Haaren. Auch auf die nächtlichen Besuche der Wildschweine, die sich an unserem Kompost schadlos halten, könnte ich gern verzichten. Aber wie sollte es anders sein. Sie leben nun mal hier im Wald. So wie wir.

N**eben dem Hügel, da im Erdloch, hat er gehaust, der Russe.** Über ein Jahr hielt er sich dort versteckt, direkt nach dem Winterkrieg von '39, lange bevor Ukki das Mökki gebaut hat." Staunende Blicke. Früher oder später wird diese Geschichte jedem erzählt, den meine Frau hinaus auf den See rudert. Die Zwillinge hören sie heute zum ersten Mal – und nicken, als ob sie verstünden.
Wir gleiten gemächlich um eine Insel herum. Geschichten erzählen, vom Russen, vom Bär, von der Schlange und vom Großvater. Geschichten von Ängsten, den Gefahren des Waldes und den Heldentaten großer Männer. So wird Tradition erhalten, Identität gefestigt. Auch das vermag das Mökki. Vielleicht liegt darin sogar sein eigentlicher Zweck.

E**s ist nicht mehr weit bis zum Grauen Felsen. Mächtig und einsam ragt er aus dem See.** Urgestein, Millionen Jahre alt. „Milliarden Jahre!" korrigiert meine Frau, während die Zwillinge mit der beneidenswerten Selbstvergessenheit aller Dreijährigen ihre Wurstbrote *(sämpylä)* verspeisen. Vom Wasser aus geben weitere Mökkis ihre Verstecke preis. Tausende werden es allein in diesem Seen-Gebiet sein. Jedes ein Reich für sich, auf keiner Karte verzeichnet, ein Familiengeheimnis. Die Sonne sticht. Es geht zurück. Als die Kinder das Lied von der Biene Maja anstimmen, stellt sich mitten auf dem See eine Situation ein, so in sich schön und vollkommen, dass man sich fast schämt, von ihr zu erzählen.

Nah am Steg tanzt eine Boje auf dem Wasser, die Reuse des Nachbarn. Zwei Meter unter uns windet sich ein Hecht in den Tod. Das erzählen wir den Kindern nicht. Es gibt ja auch Wichtigeres. Ukki ist angekommen. Wie immer ein bisschen zu früh. Und natürlich *Mummi*. Mit Heidelbeerkuchen!

Mein Nachmittag gehört damit der Sauna. Ein Mökki ohne Sauna ist undenkbar. Um sie dreht sich alles, vor allem die Zeit. Vier, fünf Stunden konzentrierter Vorbereitung braucht eine Holzofensauna – mindestens.

Zunächst gilt es, die Scheite im Schuppen sorgfältig zu wählen. Schwächere, mit der Axt abermals zu spaltende Birkenhölzer für die erste Phase. Als Anzünder kommt nichts anderes als der *Helsingin Sanomat* des Vortages in Frage. Keine Zeitung brennt besser. Für die mittleren Stunden, wenn Kamin und Feuer bereits kräftig ziehen, darf es auch Kiefer sein, die letzten beiden Ladungen jedoch ausschließlich massive Birkenscheite, dicht an dicht gestaffelt. Nur sie bringen die schwarzen Ofensteine heilig zum Glühen.

Jetzt noch die Zuber gefüllt, Eimer für Eimer, Gang für Gang, dann ist es vollbracht, dann schallt der Ruf über die Pfade: *„Sauna on valmis!"*– Sauna ist fertig. Wie ein Tier speit der Ofen den Aufguss aus. Wir warten, gespannt und nackt. Für eine lange halbe Minute geschieht nichts. Und dann kommt sie doch noch, gewohnt hinterhältig, die erste Welle der Hitze. Augen zu, Hände schnellen vors Gesicht, auf dass in diesen befreienden Sekunden zwischen Schmerz und Lust überhaupt noch Luft zum Atmen bleibt. Langsam verliert der Aufguss an Kraft, verteilt sich über die Kammer, gewährt Entspannung, bis zum nächsten Wasserwurf, tief hinein in den schwarzen Schlund. Nach dem dritten Gang ist der See nicht mehr kalt, die Mückenstiche sind nicht mehr rot.

Frischer geht`s nicht: Selbstgefangen und gebraten. Wer ein Mökki hat, der fischt

In der Hütte schlafen die Kinder. Ukki räuchert Barsche über einem alten Fass. Auf dem Rost zischen dicke Würste. Vier Menschen um ein Feuer. Wasserläufer malen Kreise auf den See. Es ist lange still, bis Mummi entscheidende Worte spricht. *„Löyly oli hyvä"* – der Aufguss war gut.

Das war er, der Löyly, gut, gut wie dieser Tag ohne Ereignis. Fast perfekt. Morgen ist ein neuer, man sieht ihn bereits am Himmel glühen. Da schaffe ich ihn. Ganz bestimmt. Den Weg vom Brunnen bis zum Mökki, ohne die Eimer abzusetzen. □

Wolfram Eilenberger, *geboren 1972, ist Korrespondent des Politikmagazins „Cicero" und Kolumnist des „Tagesspiegels". Er lebt in Berlin.*

Landgang mitten auf der Ostsee. Den Mann trägt eine 30 Zentimeter dicke Eisschicht. Um sie zu durchbrechen, bräuchte die Sisu nicht mal ihre halbe Kraft

Auf Crash-Kurs

Neun Eisbrecher sorgen dafür, dass Finnlands Seehandel im Winter nicht einfriert. Die Sisu, 22 000 PS, fünf Motoren, ist einer von ihnen. Logbuch einer schlagkräftigen Woche an Bord

Text: Peter Münch, Fotos: Walter Schmitz

Von der Brücke, 20 Meter über der Wasserlinie, hat Offizier Björn „Nalle" Lindberg das Meer im Blick. Die Eisformationen wechseln ständig, Langeweile kommt nicht auf

Wenn ein Eisbrecher sich seinen Weg bahnt, klingt es, als würde ein Auto in voller Fahrt die Leitplanke schrammen

Das Heck der Sisu ist mit Tauwerk ausgekleidet, um Schäden bei den Schleppmanövern zu verhindern

Timo lässt es krachen. Das Eis zerbirst am Bug, wird zur Seite geschleudert, und was eben noch fest miteinander verzahnt war, wirbelt gehäckselt um die Bordwand. Bis sich die Stücke im Kielwasser wieder vereinen, können andere Schiffe folgen – wenn sie sich beeilen, denn die Sisu pflügt gerade mit 17 Knoten, das sind gut 30 Stundenkilometer, durch die zugefrorene Ostsee. Am Ruder freut sich Timo über reichlich Action nach ruhigen Tagen.

Vor einer Woche sind wir uns erstmals begegnet. Die Sisu hatte an der Eisbrecher-Pier in Helsinki-Katajanokka festgemacht, die Hälfte der Mannschaft war von Bord gegangen, dafür waren andere gekommen. Ebenfalls neu war das MERIAN-Team: Fotograf Walter Schmitz und ich, der sich gleich nach dem Bezug der Kajüte seebärig aufs Oberdeck stellte, gegen zehn Grad minus und den frostigen Wind beschützt von Winterjacke, Mütze, Schal. „Auf zum Pol!", riefen Scott und Amundsen in mir, „Leinen los!" Da ging die Tür auf und mir trat ein Mensch entgegen, der bis auf ein lächerliches Handtuch um die Lenden völlig nackt war. Nicht mal Latschen trug der Kerl. Er streckte dem Weichei seine Hand entgegen und stellte sich vor: „Timo Aaltonen, Chief Officer". Kein Zweifel, dies war ein finnisches Schiff, und wir sollten es in den nächsten Tagen mit Leuten zu tun haben, die einen guten Teil ihres Lebens im Dampfbad verbringen.

Die Sisu hat zwei Saunen an Bord, einen Pool und einen Fitnessraum. Für den Geist gibt es eine Bibliothek, für den Magen eine Küche, die jeden Kantinentest mit Bravour besteht, und für die Ohren fünf Maschinen mit

Bahn frei für die Belgard. Im Kielwasser des Eisbrechers erreichen Frachter sicher ihre Zielhäfen

Über 200 Einsätze in sieben Wochen. Ohne die Stoßkraft der Sisu läge manche Ladung für Tage auf Eis

zusammen 22 000 PS. Das Kraftpaket könnte einer Kleinstadt über den Ausfall ihres E-Werks hinweghelfen, treibt zwei Schrauben hinten und zwei vorn an und säuft im Normalbetrieb durchschnittlich 80 Tonnen Diesel. Täglich.

Nicht ganz so viel an jenem 21. März, als wir am späten Nachmittag endlich ablegen und Kurs Süd nehmen, einen Tag nach Frühlingsanfang. Dem nordischen Winter sind kalendarische Eckdaten egal, das Eis vor der Küste hält sich meist bis Ende Mai. Finnland ist das einzige Land der Welt, dem selbst in milden Wintern sämtliche Häfen zufrieren. Da der Außenhandel zu mehr als 80 Prozent über See abgewickelt wird, sind die neun finnischen Eisbrecher die Herzschrittmacher der Wirtschaft. Hinzu kommt, dass gleich vor der Haustür die Hauptschlagader des russischen Ölexports verläuft: Von Primorsk bei St. Petersburg, dem Endpunkt von Pipelines aus ganz Russland, fahren Supertanker westwärts, die meisten mit Ziel Rotterdam. Manche haben mehr als 100 000 Tonnen Schweröl geladen und sind nach internationalen Maßstäben wenig eistauglich. Die Havarie eines solchen Riesen wäre gleichbedeutend mit dem ökologischen Infarkt der finnischen und estnischen Küste und hätte unabsehbare Folgen für die gesamte Ostsee.

Die schwimmenden Zeitbomben ziehen ihre Bahnen in der eisfreien Hauptfahrrinne, als die Sisu nach

Nächtliche Bereitschaft: In Sichtweite der Küste wartet der Koloss auf Hilferufe feststeckender Schiffe

zweistündiger Fahrt in leichtem Eis in Stand-by-Stellung geht, mitten im Finnischen Meerbusen. Ein Eisbrecher ankert nicht, er lässt sich zufrieren. Die Nacht ist sternenklar, voraus sieht man den Lichterschein von Tallinn, achtern den von Helsinki. In der Kabine sind es 22 Grad plus, an Deck 15 minus.

Am nächsten Tag gibt es keinen Einsatz, eine gute Gelegenheit, sich gründlich umzusehen. Die Brücke des 1976 gebauten Eisbrechers wurde in den letzten Jahren technisch aufs höchste gerüstet. Monitore mit Radarbildern – ein Laie kommt damit nicht klar. Da sind die Bildschirme mit den Seekarten viel aufschlussreicher. Kleine Kegel zeigen die aktuelle Position der Schiffe in der Umgebung. Ein Mausklick verrät Namen, Typ, Maße, Ziel der Reise und, ganz wichtig, die Geschwindigkeit. Bei weniger als acht Knoten hat das Schiff in der Regel ein Problem – entweder einen Maschinenschaden, oder, viel wahrscheinlicher, es droht im Eis stecken zu bleiben. Dann fragt die Sisu über Funk nach und eilt, wenn nötig, zur Hilfe. In normalen Fällen bedeutet das Freibrechen, in ernsteren auch schon mal Abschleppen. Den Eignern der betroffenen Schiffe entstehen dafür keine Kosten, die trägt die staatliche Reederei Finstaship.

Das Kommando an Bord hat Bo-Henrik Ingo. Der 64-Jährige ist ein knorrig-bedächtiger Finnlandschwede, der neben seiner Muttersprache Schwedisch natürlich Finnisch und Englisch spricht, mit Walter und mir auf Deutsch parliert und sich mit seiner japanischen Frau auch in deren Sprache unterhalten kann. Zu Hause sind die beiden auf der Insel Bergö bei Vaasa. Nach dieser Eis-Saison will sich der Käptn dort zur Ruhe setzen.

Kraftpaket sucht Abkühlung: Nach der Sauna genießt der Zweite Ingenieur Jami Koho den klirrenden Frost an Deck

Harte Arbeit, keine Ruhe, wenig Schlaf. Die Mannschaft ist trotzdem fit, verbringt ihre Freizeit zum größten Teil im Dampfbad

Am nächsten Vormittag nehmen wir Kurs auf Hanko. Unser Auftrag: Rinnen zu kleineren Häfen brechen. Drei Maschinen werden angeworfen, der Autopilot aktiviert. Offizier Björn „Nalle" Lindberg, der zweite Finnlandschwede an Bord, korrigiert den Kurs an seinem Fahrstand. Dabei bewegt er einen Schalthebel, der mich an den meiner Modell-Eisenbahn erinnert. Nur war das, was mich vor Jahrzehnten zum Dienstherren über drei Mini-Züge machte, viel größer als jenes Hebelchen, mit dem Nalle den 105 Meter langen Eisbrecher lenkt. Das gute alte Steuerrad gibt's auch noch. Es steht mitten auf der Brücke und ist so funktionstüchtig wie das Lenkrad der Feuerwehr auf dem Kinderkarussell. Manchmal setzt sich ein Matrose dahinter und spielt den Steuermann.

Nach fünf Stunden sind wir vor Ort und pflügen dem Frachter Merweborg den Weg nach Lappohja frei. Dann fahren wir einige Meilen zurück und warten neben der eigenen Rinne. Diesmal parkt die Sisu in einer verschneiten Eiswüste mit Schären und Festland in Sichtweite. Schneeweiß unter stahlblauem Himmel – Ton in Ton mit der finnischen Flagge des Eisbrechers, der in der Abendsonne seinen Schatten aufs Eis wirft.

Von Winterromantik ist unter Deck nichts zu spüren. Die Maschinen wummern in Disco-Lautstärke, nur um das stehende Schiff mit Energie zu versorgen. Nicht auszudenken die Dröhnung bei voller Fahrt. Chefingenieur Timo

Helikopter landen auf dem Hubschrauber-Deck nur noch in Notfällen. Früher starteten von hier aus Beobachtungsflüge

Raunela liebt diesen Sound. Voller Stolz zeigt er seine fünf Motoren. Da das Schiff während der Eissaison nur auf See instand gehalten werden kann, kommt unter der Wasserlinie keine Langeweile auf. In ihrer kleinen Werkstatt löten die Elektriker Malin und Alakoski, weiter hinten dengeln die Mechaniker Kautonen und Leinonen eine überdimensionale Dichtung zurecht, zwei vierschrötige Typen von der Sorte, die einen Hafenkneipen-Bummel schon mal im Krankenhaus oder in der Zelle beendet.

An Bord gibt es in dieser Hinsicht keinen Ärger. Alkohol ist kein Tabu, aber auch kein Thema. Exzesse kann sich keiner leisten, die meisten der 28-köpfigen Crew, bei unserem Törn sämtlich Finnen, arbeiten zweimal täglich sechs Stunden, jeweils 20 Tage lang, dann haben sie zehn Tage frei. Der Schichtdienst schlaucht, sechs Stunden Pause sind nicht gerade üppig. Ausschlafen kann man nur an Land oder im Sommer, wenn man dann nicht, wie fast alle, einen anderen Job hat. Die Mahlzeiten verlaufen entsprechend wortkarg. Geredet wird nur das Allernötigste, nordic talking, wir sind hier nicht bei den Caprifischern. Immerhin geht ein *kiitos* auch dem Maulfaulsten über die Lippen, wenn er sein Geschirr in den Abwaschkorb stellt. Den Dank an die Küche, und sei er noch so knapp, vergisst keiner.

Auf der Brücke wird auch am Tag darauf nicht geschwatzt. Die Wetterlage ist stabil, die Eissituation unverändert. Nalle späht durch sein Glas in die weiße Ferne, kein Schiff in Sicht. Meine Bemerkung „Überhaupt kein Verkehr heute?", kommentiert er mit: „Nein." – lange Pause – „Und jetzt kommt das Wochenende." – Pause – „Dann wird's ruhiger". Schöne Aussichten!

Am nächsten Morgen lädt Timo, der Erste Offizier, anlässlich einer Bohrung zum Eisspaziergang. Wir werden im Mannkorb von Bord gehievt, eine riesige Spindel frisst sich durch 30 Zentimeter starkes Eis, auf dem zehn Zentimeter Schnee liegen. Und die Rinne, die die Sisu vor etwa 40 Stunden gebrochen hat, ist auch schon wieder eine Handbreit dick gefroren. Von hier unten sieht das Schiff gewaltig aus, fast furchterregend, wie ein Zerstörer der Kriegsmarine – kein allzu abwegiger Vergleich, denn zum Kaputtmachen ist der Koloss ja mal gebaut worden.

Allerdings nicht zum tagelangen Warten, und das hat jetzt ein Ende. Am späten Vormittag setzt sich die Sisu in Bewegung, Kurs Ost-Nordost, zum Porkalafjärden, wo sich der Frachter Oraness mit 7,5 Knoten müht. Gut drei Stunden dauert der Törn. Unterwegs bietet die Ostsee einiges von dem, was auf ihrer Eiskarte steht: Wir fahren durch „Pfannkuchen-Eis", einem von mehr als 50 offiziellen Aggregatszuständen zwischen freier See und Packeis, schneiden uns durch geschuppte, verkantete Formationen, fahren durch Platten, wie von einem wahnsinnigen Baumarkt-Angestellten gesägt, passieren mal

Die Kommandozentrale ist auf dem neusten technischen Stand. Per Radar und GPS lässt sich jedes Schiff im Umkreis orten

Die Brücke ist längst elektronische Schaltzentrale. Genauso wichtig wie Hightech sind im Ernstfall Erfahrung und Augenmaß

Marshmellows, mal Kokosraspel, mal Schaumgebäck. Zum Nachmittagskaffee haben wir unsere neue Position erreicht: N 59° 56', E 24° 14'. Und die Oraness, derentwegen wir hierher gekommen sind? Auf dem Monitor null Knoten, sie hat längst im Hafen von Kantvik festgemacht.

Tags drauf passiert der Zementfrachter Ballerina unseren neuen Parkplatz. Er ist unterwegs von Kantvik nach Pargas an der Südwestküste. Das sind auf dem Landweg etwa 180 Kilometer. Ein Lkw braucht dafür auch im Winter kaum mehr als drei Stunden, das Schiff ist einen ganzen Tag auf See. Seine Ladekapazität macht die Fuhre wirtschaftlich. Die Küstenschifffahrt spielt also auch eine große Rolle im Binnenhandel.

Am nächsten Morgen bittet die Belgard um unsere Hilfe. Sie kommt aus dem holländischen Moerdijk und will eine Ladung Kies nach Inkoo bringen. Aus eigener Kraft wird sie die restlichen zwölf Meilen nicht schaffen, das Eis hat die kaum befahrene Rinne zurückerobert. Fast unmerklich setzt sich die Sisu in Bewegung, dicht gefolgt von dem Frachter. Im Logbuch wird der Einsatz als Assist Nummer 229 der laufenden Saison vermerkt. Dabei ist die Sisu erst seit sieben Wochen im Eis!

Vor unserer Ankunft scheint viel mehr los gewesen zu sein, wir haben wohl die ruhigsten Tage des Winters erwischt. Doch es ist die Ruhe vor dem Sturm. Der abendliche Wetterbericht sagt den bevorstehenden Kollaps des Ostsee-Hochs und die Ankunft atlantischer Luftmassen voraus. Es verspricht also milder zu werden. Bedeutet das nicht Entspannung an der Eisfront? Ganz im Gegenteil! Timo klärt mich auf: Natürlich entsteht Eis erstmal durch Kälte. Geformt und vor allem transportiert wird es aber vom Wind. Bei einer Windgeschwindigkeit von elf bis zwölf Metern pro Sekunde, was fünf bis sechs Beaufort entspricht, einer frischen Brise, aber noch keinem Starkwind, wandert das Eis mit einem Tempo von einem halben Knoten, 900 Meter in der Stunde. In zehn Stunden also neun Kilometer. Kommt der Wind aus Südwest, wie prophezeiht, wird das Eis nach Nordosten gedrückt – an die finnische Küste.

Kurz nach Mitternacht signalisiert ein verstärktes Maschinengeräusch: Der Koloss macht sich reisefertig. Nichts wie raus aus der Koje und hoch zur Brücke. Dort erfahre ich, dass eine Eisbrecher-Rochade bevorsteht. Die Voima hat sich zum Crew-Wechsel abgemeldet, die Fennica bewegt sich an deren Platz bei der Hauptfahrrinne, und die Sisu soll den bisherigen Standort der Fennica einnehmen, in Sichtweite der Öltanker-Bahn, die man auf gar keinen Fall unbeobachtet lassen möchte.

Nalle brettert durchs nächtliche Eis, etwa 60 Meter reichen die Scheinwer-

Chefingenieur Timo Raunela braucht den Hörschutz spätestens, wenn er zur Arbeit in den Maschinenraum geht

Zur Abwechslung Wasserball im Pool. Bewegung tut not, die Crew kommt nur alle drei Wochen an Land

Winterromantik kommt höchstens im Freien auf. Unter Deck wummern die Motoren in Disco-Lautstärke

fer ins Dunkel. Das genügt, denn größere Hindernisse würde das Radar anzeigen. Ich kehre zurück in meine Kajüte, todmüde und neugierig, wie es sich schläft, auf einem Eisbrecher in voller Fahrt. Doch an Schlaf ist nicht zu denken. Das liegt nicht nur am unablässigen Gerüttel des Schiffs – jeder Gegenstand in der Kajüte meldet sich, klappernd, klingelnd, ratternd, scheppernd. Selbst die Zeiger meines Funkweckers spielen plötzlich Radar und rasen übers Zifferblatt. Den Rest der Nacht verbringe ich an Deck. Dort empfangen mich andere Geräusche. Es knackt nicht, wenn sich ein Eisbrecher seinen Weg bahnt, es schrammt. Es hört sich an wie eine immer wiederkehrende Kollision, als ob ein Auto in voller Fahrt ständig die Leitplanke streift. Gruselig.

Dienstag, 28. März, unser vorletzter Tag auf der Sisu. Am Mittwoch wird der Eisbrecher wieder Helsinki anlaufen und erstmals nach mehr als einer Woche an Land festmachen. Das Thermometer zeigt jetzt nur noch drei Grad unter Null an. Der Himmel ist bedeckt und es weht kräftig aus Südwest. Irgendwie riecht es nach Frühling. Am Abend passiert, was Timo vorhergesagt hat, das Eis vor der Küste verdichtet sich.

Der erste Hilferuf kommt von der holländischen Flinterbelt. Drei Maschinen werden angeworfen, nichts wie hin. Unterwegs Entwarnung, das Schiff fährt wieder frei. Dafür meldet die Algirdas *stuck in ice*, der litauische Frachter mit Zielhafen Kotka hat sich festgefahren. Die Sisu düst jetzt mit 17 Knoten durch die Finsternis. Aus dem Nichts tauchen plötzlich die Positionslampen der Algirdas auf. Timo zieht backbord vorbei, drosselt das Tempo und nimmt den Frachter ins Kielwasser. Allerdings nur kurz, denn jetzt überschlagen sich die Ereignisse: Aus Kotka kommend kämpfen die Silva (unterwegs nach Pärnu/Estland), die Gerda (nach Hamburg) und die Baumwall (nach Bilbao) gegen das Eis. Wieder lässt die Sisu die Motoren spielen – zum Leidwesen der Algirdas, deren Lichter immer kleiner werden. Die Litauer beschweren sich über das hohe Tempo, vor ihnen geht die Rinne zu wie ein Reißverschluss. Timo überweist sie an den Eisbrecher Fennica, vollführt eine elegante Kehrtwende und geleitet die anderen Schiffe aus der Gefahrenzone. Um Mitternacht sind alle Notrufe abgearbeitet.

Nalle übernimmt und donnert wieder gnadenlos zurück. Über allem Rütteln und Klappern schlafe ich ein und träume von einem Martini. Geschüttelt und auf Eis. □

Peter Münch, MERIAN-*Redakteur, und* **Walter Schmitz,** *Fotograf, waren beide fasziniert von dem Gedanken, dass aus der Eiswüste in nur wenigen Wochen wieder ein Segelrevier wird.*

Gegen eine feine Eisschicht und Raureif auf Glocke, Trossen und Poller, kommt auch ein Eisbrecher nicht an

MERIAN | INFO Ostsee-Eis

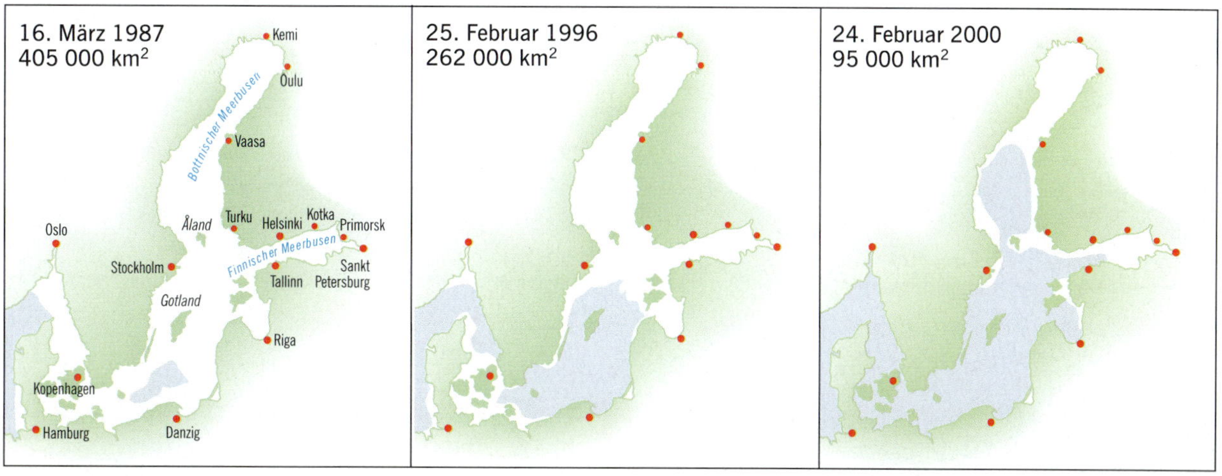

Die weißen Flächen zeigen die maximale Vereisung der Ostsee in drei unterschiedlich strengen Wintern. Selbst in milden Jahren wie 2000 ist die finnische Küste vollständig zugefroren

Sobald sich im November die ersten Schollen im Bottnischen Meerbusen bilden, beginnt die **Eissaison**. Sie hat ihren Höhepunkt im Februar / März und dauert bis in den Mai. Die Eisdecke an der Küste erreicht eine durchschnittliche Stärke von beispielsweise 50 cm vor Kotka und 70-80 cm vor Oulu. Durch Verschiebungen kann sich das Eis aber auch mehr als einen Meter hoch auftürmen.

Von großer Bedeutung ist der **Finnish Ice Service**. Diese Abteilung des Instituts für Meeresforschung wertet Satelliten- und Radarbilder sowie Informationen von Beobachtungsstationen aus. Mehrmals pro Woche werden Eiskarten erstellt und im Internet veröffentlicht, auf denen auch die Einsatzgebiete der Eisbrecher verzeichnet sind: **www.fimr.fi/en.html**

WERDEN SIE JETZT MERIAN-ABONNENT!

GRATIS ZUR WAHL!

MERIAN-Reisetrolley
Ein hochwertiger Trolley in exklusivem Design mit leise laufenden Rollen und einer aufwändigen Innenausstattung

Zwei MERIAN-Badehandtücher
Aus Zwirngarnfrottee – für einen gelungenen Strandaufenthalt. Format: 1,80 x 1,05 m

MERIAN-Reisewecker
Zeitloser analoger Reisewecker mit integrierter Sekunden- und Weckzeitanzeige, verchromtem Metallgehäuse und dunkelblauer Lederhülle. Alarm- und Schlummerfunktion

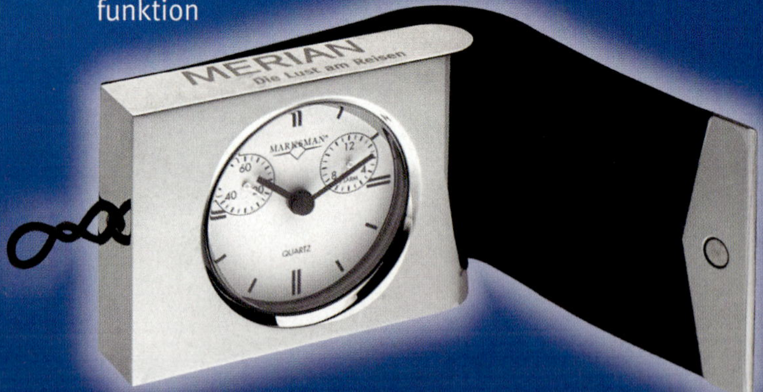

MERIAN | live! | classic | guide | kompass | scout

WEITERE GESCHENKE UNTER WWW.MERIAN.DE

1

Schön und gut

Finnisches Design ist seit Jahrzehnten Weltspitze. Wie machen sie das bloß, da oben im Norden? Die Antwort: ganz einfach

Text: Susanne Strätz

2

1 Klassiker mit Kurven: Die Savoy-Vase entwarf Alvar Aalto 1936 für das gleichnamige Restaurant in Helsinki. 2 „Kaiku“ nannte Maija Louekari ihren Entwurf für den Stoff- und Modefabrikanten Marimekko. Das Motiv der Birke mit Hügellandschaft eignet sich beispielsweise für Vorhänge. 3 Die bunten „Unikko“-Blumen von Maija Isola aus den 60ern sind wieder en vogue – nicht nur auf Reisetaschen. 4 Jungdesigner Mikko Paakkanen nennt seinen Lounge-Chair „Nietos“ - Schneewehe

4

3

Alvar Aalto *(1898-1976) zählt zu den bekanntesten Architekten des 20. Jahrhunderts. Er wurde zum Vorbild für moderne Gestaltung, die sich am Menschen orientiert.* ***Maija Isola*** *(1927-2001), bis 1987 Chefdesignerin der Textilabteilung von Marimekko, kreierte rund 500 verschiedene Muster und arbeitete nebenbei als freie Künstlerin.* ***Mikko Paakkanen*** *(geb. 1975), wurde zu Finnlands Designer des Jahres 2006 gewählt. Sein Credo: Nichts darf nur Dekoration sein, jede Form, jedes Material hat seine Bestimmung.*

Alvar Aalto

Maija Isola

Mikko Paakkanen

Es ist ihr Hocker. Ein schlichter, stapelbarer, dreibeiniger Hocker aus hellem Holz ist Piias Lieblingsstück in ihrer Wohnung. Auf ihm sitzt die junge Ärztin beim Frühstück. Wenn sie sich einen gemütlichen Fernsehabend macht, wird der Hocker zum Beistelltischchen umfunktioniert. Und wenn die strohblonde Finnin im November ihre Winterjacken aus dem obersten Fach des Kleiderschrankes hervorholt, wird der Hocker zur Trittleiter.

Es ist ein Hocker, wie man ihn so oder ähnlich auch in Deutschland in fast jedem Möbelhaus kaufen kann: eine runde Holzscheibe als Sitzfläche, an deren Unterseite drei in L-Form gebogene Schichtholzbeine geschraubt sind. Doch Piias Hocker ist das Original. Die Nr. 60. Er ist so etwas wie ein nationales „must have". Kaum ein Haushalt, kaum ein öffentliches Gebäude im Land, in dem nicht genau dieser Hocker Nr. 60 steht.

Ihres Faibles für finnisches Design ist sich Piia erst vor ein paar Jahren bewusst geworden. „Meine Generation, aber auch die meiner Eltern, ist mit Aalto-Möbeln und Kaj Franck-Geschirr aufgewachsen. Für uns Finnen gehört das zum Alltag. Wir hatten diese Stücke in der Schule, zu Hause, überall. Wir bemerkten ihre Schönheit gar nicht mehr", sagt die 34-Jährige. Doch als sie ihre erste eigene Wohnung einrichten wollte, wurde ihr klar, dass dies ohne ein paar der bekannten Einrichtungsgegenstände nicht gehen würde. So kam der Hocker Nr. 60 in Piias Wohnung.

1

Der Architekt Alvar Aalto entwarf den Hocker 1932 für die Bibliothek von Viipuri – eine karelische Stadt, die heute auf russischem Gebiet liegt. Ihm war wichtig, dass das Möbelstück einfach, in großer Menge und möglichst preisgünstig herzustellen war, dass die Qualität stimmte und dass man es platzsparend aufräumen, also leicht stapeln konnte. Die „weniger ist mehr"-Philosophie des deutschen Bauhauses hatte ihn inspiriert. Und wie die Vertreter des Bauhauses war Aalto der Meinung, dass die Unterschiede zwischen Künstlern und Handwerkern aufgehoben werden sollten, weshalb er bei der Entwicklung der L-Beine des Hockers eng mit Tischlern zusammen arbeitete.

Doch wie konnte ein stapelbarer Stuhl zum Lieblingsmöbel einer ganzen Nation aufsteigen? Die Antwort: Weil er so schlicht ist. Die finnische Schlichtheit gehört zum Charakter des Landes. Sie ist geprägt von den Dingen, die sein Wesen ausmachen. Zum einen die Natur: die harten Winter und die hellen Sommer. Zum anderen der finnische Perfektionismus, dieses Nie-mit-sich-zufrieden-sein. Auch Alvar Aalto legte dieses Streben nach Perfektion an den Tag – drei Jahre brauchte er, um die ideale Form des Hockers und die richtige Technik für die Herstellung der L-Beine zu finden. Die Schlichtheit, die daraus erwächst, ist nicht etwa plump, sondern im Gegenteil von geradliniger Schönheit. Kaj Franck, der das Gewissen des finnischen Designs genannt wird, weil er auch das allerletzte überflüssige Detail eliminierte, erklärte es so: „Ist es nicht die eigentliche Bedeutung von Schönheit unentbehrlich, funktional, gerechtfertigt und einwandfrei zu sein?" Kein Prunk, kein Protz. Beides lehnen die Finnen ab.

Funktional und unentbehrlich waren auch die Maßnahmen der finnischen Regierung nach dem Zweiten Weltkrieg, denn Finnland hatte hohe Reparationszahlungen an Russland zu leisten. „Um der Wirtschaft möglichst schnell wieder auf die Beine zu helfen, unterstützte die finnische Regierung erfolgversprechende Ideen", erklärt Marianne Aav, Direktorin des Designmuseums in Helsinki. Und da die Ideen der Designer schon vor dem Krieg im Ausland erfolgreich waren, förderte der Staat deren Auftritte auf internationalen Möbelmessen wie der Mailänder Triennale, organisierte große Wanderausstellungen und rief Designwettbewerbe ins Leben. Tapio Wirkkala, Timo Sarpaneva, Kaj Franck und Alvar Aalto wurden die Designer, die mit öffentlicher Hilfe den internationalen Erfolg der finnischen Gestaltungskunst begründeten.

Kein Prunk, kein Protz, aber perfekt

Sie bescherten ihrem Land, das, was für Deutschland in den fünfziger Jahren Fußballer wie Fritz Walter, Toni Turek oder Helmut Rahn erreichten: das ersehnte „Endlich sind wir wieder wer" – Gefühl. Deutschland wurde Fußballweltmeister, Finnland Wohnweltmeister. Finnische Möbel standen in jedem Haushalt. Wer einen Hocker brauchte, nahm sich die Nummer 60, die in der 1935 von Aalto gegründeten Möbelfabrik Artek produziert wurde. Das nationale Lieblingsgeschirr hieß „Teema", 1952 entworfen von Kaj Franck, und wurde in der Porzellanmanufaktur Arabia hergestellt. „Zerschlagt das Service", lautete Francks Motto: Sämtliche Teema-Teile können – im Gegensatz zu einem herkömmlichen Service – problemlos für die unterschiedlichsten Zwecke eingesetzt werden: Die Untertasse wird zum Dessertteller, die Müslischale zur Sauciere. Das spart Geschirr, Platz im Schrank und aufgrund der kombinierbaren Farben das Nachdenken über die Tischdekoration.

Wer in Finnland einen Schluck Wasser trinken wollte, griff zum geriffelten

Eero Aarnio

Anu Penttinen

Kaj Franck

Eero Aarnio *(geb. 1932), Pionier des Plastikdesigns, experimentierte in den 60ern als einer der ersten mit dem neuen Material und ungewohnten Formen, etwa bei seinen runden Sitzmöbeln.* ***Anu Penttinen*** *(geb. 1974) arbeitet als Glasdesignerin. Ihr Atelier liegt im Glasbläserdorf Nuutajärvi, 150 Kilometer nordwestlich von Helsinki.* ***Kaj Franck*** *(1911-1989) gilt als „das gute Gewissen des finnischen Designs", weil er konsequent alles Überflüssige wegließ. Die Schönheit eines Objekts machte sich für ihn daran fest, dass es „unentbehrlich, funktional, gerechtfertigt und einwandfrei" ist.*

1 Modernes Design mit Einflüssen der Aborigines kombiniert: Glasvase von Anu Penttinen. 2 Der Bubble Chair (1968) von Eero Aarnio schluckt alle ihn umgebenden Geräusche. Wer in ihm sitzt, sieht zwar alles, muss aber kaum etwas hören. 3 Finnlands Lieblingsgeschirr: Die Serie Teema (1952) von Kaj Franck besteht aus 14 Teilen und ist in vier Farben erhältlich. 4 Für den Hocker Nr. 60 von 1932 arbeitete Alvar Aalto drei Jahre lang an der Technik des Schichtholzbiegens

Aino Aalto-Glas von 1932, dessen Struktur an die Kreise erinnert, die entstehen, wenn man einen Stein ins Wasser wirft. Die Gläser sind aus Pressglas – also günstig in der Herstellung.

Inspiration kommt aus der Natur

Produziert werden sie bis heute von der Firma Iittala, einer alten Glasfabrik, in der Alvar Aalto auch seine berühmte Savoy-Vase herstellen ließ. 1936 entwarf er sie speziell für das Restaurant Savoy, ihre Form erinnert an die geschwungenen Ufer der finnischen Schären. In den fünfziger Jahren war die Savoy-Vase durch ihre kompliziert zu fertigende Form noch ein fast unerschwingliches Objekt. Rund drei Mal mehr als für Pressglasvasen musste man bezahlen. Heute kostet selbst das große Modell – obwohl noch immer mundgeblasen – nur noch knapp 100 Euro. Seit einigen Jahren ist sie wieder ein Kassenschlager bei Iittala.

Die sechziger Jahre brachten die Popart nach Finnland. Möbeldesigner begannen außer mit Holz und Glas auch mit Plastik und Fiberglas zu arbeiten, in der Mode waren schreiend bunte Farben und große Muster en vogue. Beim Stoff- und Modefabrikanten Marimekko entwarf 1964 die Textildesignerin Maija Isola das bis heute beliebteste finnische Muster: „Unikko" – grob gezeichnete, leuchtend rote Blumen mit dicken Blütenblättern und einem farbigen Auge in der Mitte. Als Jackie Kennedy, die amerikanische Präsidentengattin, bereits 1960 sieben verschiedene Marimekko-Kleider kaufte, wurde das finnische Label mit einem Schlag weltberühmt. Wer etwas auf sich hielt, trug plötzlich Marimekko. Die poppigen Blumen wurden später schnell zum Inbegriff der Flower-Power-Zeit. Heute prangen sie wieder auf Röcken oder Taschen – dank eines erfolgreichen Marketingkonzeptes und dem gerade angesagten Retro-Style.

Aaltos Tod 1976 markierte eine Zäsur in der finnischen Designlandschaft. Die Kreativität schien nachzulassen, die siebziger und achtziger Jahre brachten wenig Neues. Die Finnen kauften zwar weiterhin Artek-Möbel, Iittala-Gläser und Marimekko-Stoffe, doch junge Designer rückten kaum nach. Die Mannschaft der Wohnweltmeister war überaltert. Oder waren die Fußstapfen der alten Vorbilder für den Nachwuchs einfach zu groß, wie der Designer Stefan Lindfors vermutet? „Als ich Anfang der achtziger Jahre an die Uni kam, war in Finnland nicht viel los. Es gab keine guten Ideen. Vielleicht war es die Angst, der Respekt vor den Vorbildern, der die Jungen davon abhielt, nach ihrer eigenen Identität zu suchen."

Lindfors war einer der ersten in dieser Zeit, die finnisches Design außerhalb Finnlands wieder populär machten. Im eigenen Land aber hatte er zu Beginn keinen leichten Stand. Seine Lampe „Scaragoo", die an ein überdimensioniertes, gepanzertes Insekt auf hohen Beinen erinnert, wurde in Deutschland vom Lichtdesigner Ingo Maurer produziert. „Kein Finne empfand meine Entwürfe als typisch für unser Land. Erst als ich im Ausland Erfolg hatte, hieß es plötzlich, ich würde finnisches Design machen", sagt der 44-Jährige. „Ich bin in Turku aufgewachsen, ich bin Finne. Was sollte ich denn für Design machen, wenn nicht finnisches?" Lindfors, der kein Blatt vor den Mund nimmt, avancierte zum enfant terrible. Bald entwarf er nicht mehr nur Möbel und Lampen, sondern auch Schmuck, Skulpturen, Performances und Werbefilme. Demnächst will er sein eigenes Modelabel gründen. Ob finnisches Design heute wieder ein herausragendes Merkmal finnischer Kultur ist? Lindfors wagt es nicht zu beurteilen: „Man sieht zwar viel professionelles Design, aber kaum identifizierbares. Früher kam die Inspiration vom Meer und von den Booten, wo sie heute herkommt? Ich weiß es nicht."

Dass die Landschaft und das raue Klima auch heute noch eine Rolle bei der Ideenentwicklung spielen, davon ist der Jungdesigner Mikko Paakkanen überzeugt. Gerade wurde er vom

***Aino Aalto** (1894-1949) war 25 Jahre mit Alvar Aalto verheiratet und arbeitete an vielen seiner Entwürfe mit. Zu ihren eigenen Kreationen gehört das nach ihr benannte Wasserglas.*

***Stefan Lindfors** (geb. 1962) ist das enfant terrible der finnischen Design-Szene. Mittlerweile entwickelt er neben Möbeln auch Werbekampagnen und plant ein eigenes Modelabel unter seinem Namen.*

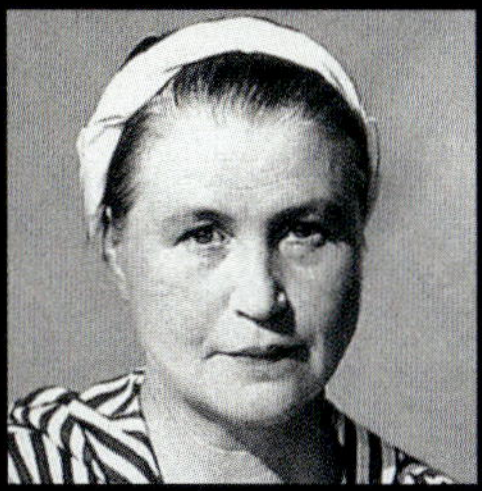

Aino Aalto

Stefan Lindfors

3

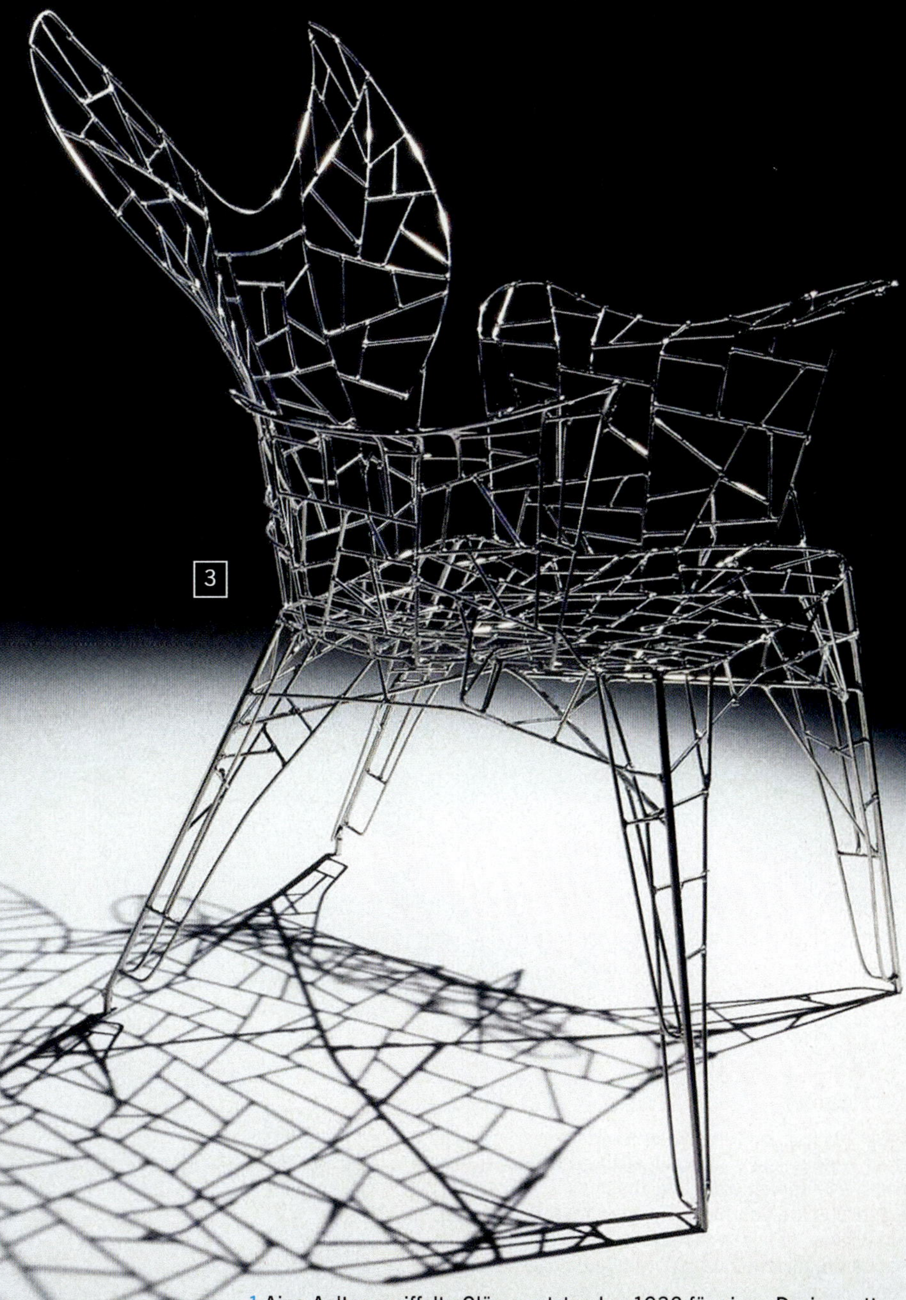

1 Aino Aaltos geriffelte Gläser entstanden 1932 für einen Designwettbewerb und sind bis heute in fast jeder Schulkantine zu finden. 2 Die Käfer-Lampe „Scaragoo“ entwarf Stefan Lindfors 1989. Sie wurde in Deutschland bei Ingo Maurer produziert. 3 Lindfors' Stuhl „Butterfly 100“ (2000) aus geschweißten Chromstiften ist ein Einzelstück

Design Forum Finnland zum Designer des Jahres 2006 gewählt. „In meiner Arbeit gibt es immer einen finnischen Touch. Jede Form hat ihren Grund. Wir Finnen machen nichts nur zur Dekoration." Und so ist sein Stuhl „Nietos", den er 2002 entwarf, schlicht und filigran in der Form, bequem und – sozusagen als Nebenerscheinung – auch noch dekorativ. „Nietos" heißt Schneewehe. „In der Entwicklungsphase musste ich an die Engel denken, die wir als Kinder in den Schnee malten, indem wir uns rücklings hineinfallen ließen und Arme und Beine wie ein Hampelmann bewegten. So entstanden Form und Name des Stuhls."

Der 31-jährige Paakkanen fühlt die Bürde der Design-Ahnen nicht mehr auf seinen Schultern lasten: „Mittlerweile ist die Zeit der großen Vorbilder schon so lange vergangen, dass wir genug Abstand haben. Ich habe keine Angst mehr, dass mir jemand vorwirft, ich würde Aalto kopieren. Ich versuche vielmehr, von ihm zu lernen."

Und lernen kann man bis heute einiges von den alten Meistern: den Umgang mit Holz, die Priorität der schlichten Formen und den Verzicht auf jeglichen Schnickschnack. Vor allem die Idee, den Menschen mit den entworfenen, praktischen Objekten das Leben zu erleichern.

Das macht sowohl das neue als auch das alte finnische Design so zeitlos. Piia wird ihren Hocker wahrscheinlich ihr Leben lang behalten. Genauso wie den Nietos-Stuhl, auf den sie schon eine Weile spart. Die 70 Jahre Altersunterschied der Möbelstücke werden nicht auffallen. Vielleicht wird einer ihrer Freunde einmal sagen: „Ah, du hast den Paakkanen-Stuhl." Den Hocker wird niemand weiter erwähnen. Er ist einfach da. □

Susanne Strätz, *freie Journalistin aus Berlin, hat eine ausgeprägte Vorliebe für finnisches Design und besitzt mehrere Aalto-Vasen und eine Marimekko-Tasche.*

MERIAN | INFO Design

Artek Store Eteläesplanadi 18, Mo-Fr 10-18, Sa 10-16 Uhr, www.artek.fi
Iittala Shop Pohjoisesplanadi 25 Mo-Fr 10-19, Sa 10-16 Uhr, www.iittala.com
Marimekko Store Pohjoisesplanadi 2 Mo-Fr 10-19, Sa 10-16 Uhr www.marimekko.fi
Design Museum Korkeavuorenkatu 23 Di 11-20, Mi-So 11-18 Uhr, Mo geschlossen, www.designmuseum.fi
Design Forum Erottajankatu 7 Mo-Fr 10-19, Sa 10-18, So 12-18 Uhr www.designforum.fi
Design District Helsinki Rund um die Straßen Uudenmaankatu, Annankatu, Frederikinkatu. Infos im Design Forum
Junge finnische Designer im Netz:
Mikko Paakkanen www.studiohelsinki.fi
Anu Penttinen www.nounoudesign.fi
Stefan Lindfors www.lindfors.net
Elina Helenius www.elinahelenius.com
Matti Söderkultalahti www.soderkultalahti.com

>> Alle Geschäftsadressen im Planquadrat c 4/5 im Helsinki-Stadtplan auf S. 130

1

Elina Helenius

Matti Söderkultalahti

1 Der hölzern anmutende Untergrund ist in Wirklichkeit warm und weich. „Lusto" heißt der Teppich von Elina Helenius.
2 Die Objekte von Matti Söderkultalahti aus Eichen-, Eschen- oder Ulmenholz haben organische Formen und eine angenehm seidig schimmernde Oberfläche

2

Elina Helenius *(geb. 1963) hat sich auf Druck-, Grafik- und Textildesign spezialisiert. Sie arbeitet als freie Designerin in Helsinki.* ***Matti Söderkultalahti*** *(1978) entwirft Holzobjekte. Er verarbeitet heimisches Holz solange es noch weich ist und lässt es erst zum Schluss austrocknen. So bekommt jede seiner Arbeiten ein individuelles Aussehen.*

KARELISCHE SINFONIE

Für die Finnen ist Karelien Traum und Trauma. Ohne Emotionen denkt niemand an die dichtbewaldete Urlandschaft im Osten, deren größerer Teil jetzt zu Russland gehört. Das Kloster Uusi Valamo ist bis heute das Symbol für die Dramen der Vergangenheit

Text: Fiona Ehlers, Fotos: Marc-Oliver Schulz

Seeprozession beim Kloster Uusi Valamo am Weihetag der Kirche der Verklärung Christi. Geweiht wird das Wasser des Juojärvi

Abends, wenn wieder Stille einkehrt im Kloster, schleichen die Mönche von Uusi Valamo über Moos und Rentierflechten den schmalen Pfad am Ufer entlang. Sie kichern und flüstern hinter vorgehaltener Hand, sie dürfen den Abt nicht wecken und die Sommergäste, die im Hotel unter Schlafmasken dämmern.

Ihr Tag war lang. Nach dem Morgengebet um sechs Uhr kamen die ersten Busse. Die Mönche führten durch die Werkstatt der Ikonenmaler, die Bibliothek, die Weinkellerei. In der Kirche trugen sie Kutten und hohe, schleierverzierte Hüte, hielten Mittags- und Abendgottesdienst, sangen Psalmen und Choräle. Jetzt haben sie Feierabend, und Feierabend in Finnlands einzigem orthodoxen Männerkloster heißt: saunen und tratschen am See.

Alle halbe Stunde rennen sie nackt und dampfend aus dem Holzhäuschen mit dem Bullerofen, hüpfen ins moorige Wasser, wickeln Badetücher um die Hüften und kreischen und fuchteln herum – weil sie nicht mal *perkele,* den Teufel, so sehr fürchten wie Bienen und Bremsen.

Gegen Mitternacht sitzen sie am Lagerfeuer. Die Sonne hinterlässt rötliche Streifen am Horizont, langsam wird es dunkler. Juha, der schöne Diakon, 29 Jahre alt, schnippt Zigaretten in die Glut, schickt einen Segen hinterher, grinst. Er lästert über die „Schwesternschaft", seine Klosterbrüder, von denen die meisten homosexuell seien und – wie er – keinen Hehl daraus machen. Mönch Antipa, 28, flachsblonder Pferdeschwanz, am Kinn ein spärliches Bärtchen, grillt Würstchen. Sein Mönchsname ist griechisch, eigentlich heißt er Andrej und kam vor drei Jahren aus Russisch-Karelien. Seine Brüder nennen ihn „Antipasti", „Vater Vorspeise". Nora, die Küchenhilfe, denkt an ihren Verlobten. Er starb vor ein paar Monaten, sein Herz war krank. Seine Familie verstieß Nora, zur Beerdigung durfte sie nicht. Sie sehnte sich nach einem Ort, an dem sie trauern konnte und neuen Lebensmut schöpfen. Der Abt gab ihr Arbeit und eine Zelle. Sie sagt, einen besseren Ort als diesen hätte sie nicht finden können.

Bis zum Morgengrauen lauscht man den hohen, hellen Stimmen der Mönche, ihrer Mundart, Karelisch, die weich wie Finnisch klingt und einen harten, russischen Einschlag hat. Sie sind so anders, als man erwartet hatte, temperamentvoll wie Neapolitaner, weltoffen, vergnügt und gar nicht asketisch. Ihre Geschichten aber klingen traurig. Sie handeln von ihrer Heimat Karelien, diesem urwüchsigen Grenzland voller Wälder, Bären und Seen, das Jahrhunderte lang Zankapfel war zwischen Schweden im Westen und Russland im Osten. Sie handeln von Verlust und Vertreibung und dem Glauben an Gott, der Völker verbindet, auch die zerrissenen. Die Mönche lachen viel, manchmal weinen sie auch. Damit man versteht, warum das so ist, klappt Juha sein Handy auf, schreibt Namen und Nummern von Freunden auf einen Zettel und wünscht gute Reise.

Die Reise durchs Land der Mönche beginnt an einer Tankstelle, ein paar Kilometer östlich. Rauno und Tyynne, ein altes Ehepaar, sitzen auf der Veranda ihres Hauses, das früher mal Gasthaus und Post war. Tyynne hat Piroggen gebacken, mit Milchreis gefüllte Fladen, eine karelische Nationalspeise. Sie bestreicht sie mit Eierbutter, und Rauno, Sommersprossen, rotes Haar, erzählt von seinen Freunden, den Mönchen, und manchmal laufen auch ihm Tränen übers Gesicht, und er tröstet sich mit ein paar Gläsern Beerenwein.

Es war im Winter 1939, sagt Rauno. 25 Kilometer von hier verlief die Front, nachts hörten sie Kanonendonner, immer mehr Flüchtlinge bettelten um Unterschlupf und eine Mahlzeit.

KIRCHLICHE RITEN, MYTHISCHE RUNEN

Archimandrit Sergei zelebriert den Festgottesdienst im Kloster Uusi Valamo. Ein Domizil uralter Riten ist das Runensängerhaus bei Ilomantsi. Runengesänge, schwermütige Lieder und Epen, die in Jahrhunderten von Mund zu Mund weitergegeben wurden, erklingen hier zur Kantele, dem karelischen Saiteninstrument

Dann kamen 200 Mönche aus dem Kloster Walaam, im 14. Jahrhundert auf einer Insel im Ladogasee gegründet. Rauno setzte sich auf seinen Kutschbock und brachte Pakete, die man ihnen aus aller Welt geschickt hatte. Brüderlich teilten sie Speck, Butter, Trockenfisch und wärmende Felle.

In nur einer Nacht waren die Mönche vor der Roten Armee geflohen. Trotz Nichtangriffspakt hatte Stalin das Land überfallen, und Finnland musste drei Viertel Kareliens, darunter die Hauptstadt Wyborg, abtreten. Die Mönche wollten nicht sowjetisch werden, heimlich fuhren finnische Soldaten sie in Lastwagen über den zugefrorenen See. In Kisten versteckt hatten sie Kandelaber, golddurchwirkte Gewänder und mehrere Tausend Ikonen. Nach dem Winterkrieg versuchte Finnland, die verlorenen Gebiete zurückzuerobern, die Kämpfe dauerten bis 1944, Zehntausende starben auf beiden Seiten, fast eine halbe Million Karelier mussten evakuiert werden.

Nach ihrer Flucht bezogen die Mönche den kleinen Gutshof am See, einst Sommersitz des Brandmeisters der Eremitage von St. Petersburg. Sie gründeten Uusi Valamo, Neu-Walaam, das geistige Zentrum der orthodoxen Diaspora. Rauno sagt, er habe oft daneben gestanden, als sie ihre Schätze in die ehemalige Scheune hängten, einen Bollerofen aufstellten und einen langen Tisch – ihre Exilkapelle samt Refektorium für viele Jahre. 1977 bauten sie eine zweite Kirche, ein Hotel mit 110 Zimmern, Restaurant, Souvenirshop. Heute sind sie zu elft und leben vom Tourismus. Die karelischen Nonnen hatten weniger Glück. Weil sie an eine baldige Rückkehr glaubten, flohen sie mit nichts außer ein wenig Geschirr. Später

IN DEN KÖPFEN LEBT DAS ALTE LAND

Die Menschen haben eine tiefe Bindung an Karelien, der alte Bärenjäger Väinö Heikkinen in seinem Waldhaus bei Nurmijärvi ebenso wie Saimi Talvivaara, die als Kind aus Ostkarelien floh und in der Nähe der Eliaskirche von Ilomantsi lebt. Klosterbruder Juha und Volontärin Pirjo kennen Flüchtlingsschicksale nur vom Erzählen

DER GLAUBE GEHT ÜBER GRENZEN

Kuss des Kreuzes im Gottesdienst in Uusi Valamo. Auch auf der Insel Walaam (rechts), im russischen Teil Kareliens, werden wieder Messen gefeiert. Von hier flüchteten im Winterkrieg 1939/40 die Valamo-Mönche. Das Kloster im Ladogasee – zu sehen sind das Torhaus und der Turm der Kathedrale – wurde mittlerweile restauriert

zogen sie in die Nähe der Mönche, ins bescheidenere Kloster Lintula auf der anderen Seite des Sees. Sie sind nur noch 14, im Winter ziehen sie Kerzen aus Bienenwachs, im Sommer kommen ein paar Pilger.

Es war eine schlimme Zeit damals, sagt Rauno, die Teilung Kareliens sei bis heute Trauma seines Volkes. „Wie wir damals überlebten? Wir haben weiter Piroggen gebacken, ein wenig geweint", sagt er und weint ein wenig, „und am nächsten Tag neuen Teig geknetet." Jetzt sei drüben alles hinüber. In Russisch-Karelien herrsche Kriminalität, Drogenmafia, Armut. „Reisen Sie rüber", sagt Rauno. „Wir bleiben hier, denn wir wollen den schlafenden russischen Bären nicht unnötig wecken."

Der einzige Bus nach Sortawala fährt von Joensuu. An Bord fünf Russinnen, sie sind mit Finnen verheiratet oder haben einen Aushilfsjob, zu ihren Füßen Plastiktüten mit Geschenken für die Familie. Anderthalb Stunden dauert die Fahrt bis zur Grenze, dann steigen Soldaten zu, kontrollieren, bellen in Walkie-Talkies, lassen grußlos passieren. Plötzlich sind die Straßen voller Schlaglöcher, auch hier sind die Wälder dicht und verwunschen, die Holzhäuser mit den karelischen Schnitzereien verziert – und doch wirkt alles vergessen und verwahrlost.

Einst war Sortawala eine blühende Hafenstadt am Ladogasee. Von hier aus ruderten junge Karelier nach Walaam, zur Wallfahrt an Ostern oder zum Beten in die Einsiedeleien, kurz bevor sie sich vermählten. Heute tauschen Männer in löchrigen Unterhemden Euro gegen Rubelscheine und verkaufen Wodka und Nippes made in China. Sie hocken vor Plattenbausiedlungen, an den Häuserwänden prangen vergilbte Mosaike, „Fortschritt" steht drauf, und Arbeiter schwenken rote Fahnen. Kaum einer von ihnen spricht noch Karelisch, viele kamen aus Straflagern und wurden in den 50er Jahren zwangsangesiedelt.

Am Ufer des Sees raffen orthodoxe Pilger ihre Gebetsumhänge und besteigen ein Schnellboot. Mächtig erhebt sich die Kirche mit den himmelblauen Zwiebeltürmen in der Mitte der Insel. Man kann die alte Pracht nur erahnen, 50 Jahre lang ließen die Kommunisten das Kloster verrotten, erst 1989 wurde es russischen Mönchen zurückgegeben. Mit den finnischen Brüdern bestand all die Jahre kaum Kontakt. Längst haben sich die Finnisch-Orthodoxen liturgisch und kirchenrechtlich von den Russen getrennt. „Für die sind wir Ketzer", sagt der Abt aus Uusi Valamo, „viel zu liberal." Im Sommer 2005 reiste er trotzdem her. Gemeinsam feierten sie die Heilige Liturgie, ein erster Schritt der Annäherung.

Die Rückfahrt durch Finnland, die Via Karelia entlang, versöhnt mit russischer Tristesse. Durch Fichten- und Birkenwälder blitzt die Sonne, lila Lupinen und bunt angemalte Briefkästen säumen den Straßenrand. Gegenüber der Kirche des heiligen Elias in Ilomantsi wartet Pfarrer Rauno Pietarinen. Sein Haus hat eine große Eingangshalle, einmal die Woche speist er hier Arme und Alkoholiker. Pietarinen, 50, ist Vater von sechs Kindern, auch er wirkt wie ein Neapolitaner unter den Finnen. „Wir sind halt sehr emotional. Wir lachen trotz Tragik, sind dankbar für das, was uns geblieben ist, und besinnen uns auf unsere Wurzeln – Glaube und Tradition. Wie kann man Kultur bewahren, wenn man nicht mal die eigene kennt?" fragt er und schickt uns zu Tochter Martta ins Museumsdorf.

Martta, 18, trägt Tracht, weißes Pluderhemd, darüber ein Schürzenkleid. Sie zupft an den Saiten der Kantele, einer Art finnischer Zither, von Touristen bekommt sie dafür ein paar Euro. Neben ihr sitzt Saimi Talvivaara, eine Frau Mitte 60, ihre Stimme klingt tief und geheimnisvoll. Saimi singt die alten Sagen der Karelier, sie ist eine Runensängerin, auch sie hat damals ihre Heimat verloren.

Olipa kerran, es war einmal, so beginnen ihre Geschichten, für Saimi sind sie Trost und Erinnerung. Sie handeln von der Tochter der Luft. Eine Taucherente legt Eier in ihren Schoß, als sie zerbrechen, entstehen Erde, Himmel, Sonne, Mond und Wolken. Ihr Sohn wird gezeugt von Wind und Wasser. Es ist Väinämöinen, der zauberwissende Held des Nordlands. Mitte des 19. Jahrhunderts hat Elias Lönnrot diese Geschichten zu Papier gebracht. 15 Jahre lang war er durch die Liederdörfer bis ans Weiße Meer gereist und hatte sich die Volkssagen erzählen lassen. „Kalevala" nannte er sein Werk, es hat weit über 20 000 Verse und gilt heute als finnisches Nationalepos, berühmt wie das Nibelungenlied.

Saimi wechselt jetzt die Stimme, spricht wieder Finnisch und zieht ein Foto aus der Handtasche. Da steht sie im Unkraut zwischen Mauerresten und lächelt tapfer. „Hier war damals unsere Küche", sagt sie, „hier brachte mich Mutter zur Welt und lehrte uns das Runensingen." Das Foto entstand Anfang der 90er Jahre. Nach über 50 Jahren war Saimi in ihr altes Dorf gereist. Es war geplündert worden und abgebrannt. Saimi sagt, sie wolle nie mehr zurück, trotz der Sehnsucht, die zu meistern ihr selten gelingt. Neulich sammelte eine Bürgerinitiative Unterschriften für die Rückgabe Kareliens. Saimi unterschrieb nicht. „Wir wollen Karelien nicht wiederhaben. Nicht einmal leer, ohne Russen. Wie könnten wir all das zum Blühen bringen, was sie zerstört haben – und vor allem, wer soll das bezahlen?"

Die Via Karelia führt weiter Richtung Norden, vorbei an verrosteten Kanonen und Schützengräben zum östlichsten Punkt im Norden der Europäischen Union. Die Grenze ist nah, doch man sieht sie nicht, keinen Stacheldraht, keinen Wachturm. Nur zwei Grenzpfähle in einem See, einer blau-weiß gestreift, der andere grünrot. Für viele Finnen ist hier das Ende der Welt, Grund für Arbeitslosigkeit, Landflucht, Schwermut. Reisende aber wähnen sich an ihrem Anfang. Sie durchwandern die menschenleere Wildnis, begreifen, was Stille ist, fühlen sich frei. Nur ab und zu, da steht ein Schild mitten im Nichts. Eine erhobene Hand ist abgebildet, *„seis"*, „stopp", steht darauf und „Eintritt verboten".

Nördlich vom Patvinsuo-Nationalpark schlängelt sich ein schmaler Waldweg, 133 Kilometer lang. Man nennt ihn Karhunpolku, den Bärenpfadt. Er führt über Sümpfe, Hügel, vorbei an torfigen Seen. Manchmal kommt ein Beerensammler des Weges oder ein Wanderer mit Fotoausrüstung. Ein Bär kommt nicht. Auf einer Lichtung aber, zwischen Obstbäumen und Pferdewiesen, sitzt Väinö Heikkinen im Schaukelstuhl am Fenster seiner Hütte. Früher war er Bärenjäger. Jetzt ist er klapprig, 81 Jahre alt, und hat sich den Wald ins Haus geholt. An der Wand eine Uhr aus dem Gebiss eines Elchs, weiße Knöchelchen sind die Zeiger. Daneben ausgestopfte Biber, Wölfe, Elche und ein Braunbär, rote Schnauze, die krummen Krallen dick wie Bleistifte. 36 Bären habe er erlegt, „sowie ein paar Russen während des Winterkriegs", sagt Väinö und zeigt auf sein Soldatengewehr. Weil sie zu

IM EXIL LÄNGST ETABLIERT

In Uusi Valamo wurde die Kirche der Verklärung Christi 1977 geweiht. Die Residenz von Archimandrit Sergei ist das ehemalige Haupthaus des Gutes Papinniemi

dicht an die Häuser kamen und Vieh und Hühner rissen, bekam er für jeden erlegten Bären 6000 Finnmark. Heute stehen Bären unter Schutz, und Väinö selbst ist die Attraktion. Im Sommer besuchen ihn Schulklassen und fragen ihn Löcher in den Bauch. „Bären kennen keine Grenze", sagt er, „es sind noch gut 100. Sie wandern hin und her. Im Winter kommen sie rüber, im Sommer ziehen sie nach Russland, dort ist es noch einsamer."

Zurück nach Lieksa am Pielinensee. Eine Fähre setzt über zum Berg Koli, 347 Meter hoch, Finnlands berühmtester Aussichtspunkt. Von sanft geschwungenen Felskuppen geht der Blick hinunter über den See, ein blauer Teppich mit grünen Tupfern. Seit Jahrhunderten lassen sich Künstler von der Mystik dieses erhabenen Ortes inspirieren. Jean Sibelius, so geht ein modernes Märchen, habe seinen Flügel hinauftragen lassen, er war auf Hochzeitsreise und spielte seiner Braut Improvisiertes.

Am nächsten Tag ist Mittsommernacht, die Sehnsucht nach Weltlichem wächst, und vielleicht soll es so sein: Die Reise durch Karelien beginnt in Uusi Valamo, und sie endet hier.

In der längsten Nacht des Jahres ist das Kloster ausgebucht und der Parkplatz voller Busse. Abt Sergei, 40, empfängt in der Wohnstube unter Ölbildern seiner Vorgänger, seine Haushälterin bringt Heidelbeerkuchen. Gott, sagt er, habe ihn auf eine harte Probe gestellt. Damals, als er Novize war und man ihm den Posten an der Hotelrezeption zuwies. Fünf Jahre lang checkte er Gäste ein, verkaufte Souvenirs, hatte Stress und litt sehr, denn er suchte nach Stille und Abgeschiedenheit. „Bis Gott mir half, unsere Gäste wie Gäste Gottes zu behandeln. Denn wer weiß, vielleicht ist auch mal ein Engel unter ihnen."

Abends, zum Vespergottesdienst steht der schöne Juha am Altar, singt *Herra, armahda,* Herr, erbarme dich unser, kniet nieder, bekreuzigt sich und küsst die „Wundertätige Ikone". Es ist die Maria von Konewitz, sie trägt den Heiland im Arm und lächelt milde. Dann schlüpft er aus der Kutte und schleicht mit den Mönchen zum See. Zur Feier des Tages gibt es selbstgebrautes Bier, sie tanzen ums Sonnenwendfeuer, und Antipa, Vater Vorspeise, grillt Marshmallows. Um Mitternacht räuspert sich Juha: „Liebe Schwestern, liebe Liebende – und jetzt die Nationalhymne." Sie reichen sich die Hände, singen *Oi maamme, Suomi, synnyinmaa,* Oh Heimat, Heimat, unser Land, sind gerührt und wischen sich Tränen aus den Augen. „Kommen Sie im Winter wieder", sagen sie zum Abschied. „Dann wird Schnee liegen, die Sonne geht unter zur Mittagszeit, und wir werden wieder stiller sein." □

Fiona Ehlers *ist Redakteurin beim Magazin* Spiegel *in Hamburg.* **Marc-Oliver Schulz,** *Fotograf aus Hamburg, war beeindruckt von der archaischen Landschaft Kareliens.*

MERIAN | INFO Die Klöster Uusi Valamo und Lintula

Weiße Kirchenmauern und goldene Kuppeln strahlen bei Heinävesi aus dem Grün der Wälder. Im Winterkrieg flohen die orthodoxen Mönche aus ihrem Stammsitz **Walaam** auf der gleichnamigen Insel im heute russischen Ladogasee und gründeten ihr Kloster neu – daher **Uusi** (Neu-) **Valamo.** Ein ähnliches Schicksal steht hinter dem 20 km entfernten orthodoxen Nonnenkloster **Lintula.** Uusi Valamo hat nicht nur geistliche, sondern auch touristische Bedeutung, Besuchern werden Führungen und Beerenweine angeboten. Die Gastlichkeit reicht von russischer Teestunde bis zu gutem Essen, auch Übernachtungsgäste sind willkommen. In Lintula geht es ruhiger zu. Bei Spaziergängen im Kräutergarten und dem Besuch im netten Café. In einer Manufaktur werden Kerzen gezogen und verkauft.

(F 10) **Valamon luostari**
Valamontie 42, Uusi Valamo
Tel. (017) 570 15 04
www.valamo.fi
tägl. 8-21 Uhr

(F 10) **Lintulan nunnaluostari**
Honkasalontie 3, Palokki
Tel. (017) 56 31 06
Juni-Aug. tägl. 8-18 Uhr

Manche mög

Fünf Tage mit dem Hunde-Schlitten durch Lappland, bei 20 Grad Minus durch verschneite, unendliche Weiten. Für Menschen eine Tour der Extreme, für die Huskies ein großes Vergnügen

Text: Michael Schophaus
Fotos: Walter Schmitz

40 Kilometer am Tag bei beißender Kälte: ein Schlittenhund kommt dabei erst richtig in Wallung, nur der Fahrer muss sehen, wie er seine Füße warm hält

en's kalt

Frühmorgens jaulen Taz und Marsu um die Wette. Sie laufen für ihr Leben gern. Einmal losgelassen, sind sie kaum noch zu stoppen

Kurze Tage, lange Strecken

Am Abend heißt es Wasser holen. Aber keine Quelle sprudelt, die Axt muss Eisbrocken schlagen

Müde Hunde, heiße Hütten

Die Nacht kann kommen. Der Hund rollt sich in den Schnee, die Schnauze auf der warmen Pfote: Feierabend

Alles urtümliche Handarbeit: erst Holzhacken, dann die Sauna anheizen. Jeder macht mit, anschließend wird gemeinsam geschwitzt

Unser Hund guckt immer so traurig. Nicht, dass es ihm schlecht geht, er döst im Körbchen und kriegt genug zu fressen. Aber oft liegt er vor der Tür und hat einen Blick wie drei Tage Regenwetter.

Als ich nach Lappland kam, sah ich nur glückliche Hunde. Sie heulten, vor Freude, sie dampften und sabberten in den stumpfen Schnee, weil sie gleich einen Kerl von 90 Kilo auf einem Schlitten durch die Wildnis schleppen und sich am Abend in den Bodenfrost kuscheln durften. Sie konnten es gar nicht erwarten, sich zu quälen. Ein eisiger Wind schlug uns entgegen, ich zog alles übereinander, was ich dabei hatte, trotzdem kroch mir die Kälte bis in die Knochen.

Wir hatten die härteste Woche für unsere Huskytour erwischt. Tagsüber 20 und nachts fast 40 Grad minus! Ihr werdet Eiswürfel pinkeln und in der Sauna schlafen, warnten einige harte Kerle. Sie kannten das bereits und trugen T-Shirts, auf denen stolz *I did it!* prangte.

Ich bibberte mich durch den Morgen und streifte das dritte Paar Wollsocken über meine komatösen Füße. Dann schaute ich auf die Hunde vor mir, auf ihre Schwänze und wackelnden Hintern, sie sollten mir in den nächsten fünf Tagen ein vertrauter Anblick werden. Daami, Scooby-Doo, Hetfielt, Taz und Marsu stemmten sich kläffend ins Geschirr und hechelten so freundlich, als sollten sie Stöckchen an einem Karibikstrand holen. Sie wollten nur laufen, laufen, laufen und drehten sich um: Wann geht's endlich ab? Schließlich löste ich die Bremse meines Schlittens. Ich durfte sie doch nicht enttäuschen.

Catherine fährt vor, wir hinterher. Sie war früher Pfadfinderin in der Schweiz, schärft sich die Messer selbst und hat die Tasse am Gürtel baumeln. Sie liebt Hunde mehr als Menschen, und wenn eines ihrer Tiere stirbt, wird es im Garten begraben. Vor 13 Jahren war sie zum erstenmal in Lappland, seitdem ist sie süchtig nach dieser wunderbaren Landschaft. Sie hat sich in der Nähe ein kleines Grundstück gekauft, der Zwinger ist größer als ihr Haus. Ich brauche diese Natur, sagt sie, aber über diese Angeber, die sich mit ihren Wampen in ein Eisloch zwängen, kann sie nur lachen. Im Winter führt sie fast jede Woche eine Schlittentour, keine Touristen-Runden, einmal ums Haus, Hunde streicheln, fotografieren und wieder ab nach Helsinki. Nein, das sollen andere machen, wer ihr in die Wälder folgt, muss schon was aushalten

Der Schweizer Rene bei minus 20 Grad. Schon nach wenigen Minuten hat sein Atem Raureif gebildet

können: Sechs Stunden täglich auf kippligen Kufen, um sich abends auf eine Hütte ohne Strom zu freuen.

Das ist mein größter Traum, sagt Sandra. Und das gilt auch für Nicole, Roy, Rene und Sven: Sie alle sehen aus, als würden sie in einem Eisschrank wohnen: Fellmütze, Sturmhaube, Fäustlinge, Overall und einen breiten Schal um den Mund. Sie haben lange für diese Reise gespart, hätte das Geld nur nicht gereicht, denke ich, weil sie sich erstens stets den besten Platz zum Schlafen aussuchen, zweitens schnarchen und drittens ihren Schnaps allein trinken.

1. Tag, 40 km

Meine fünf Hunde preschen so hastig voran, dass ich den Schlitten kaum halten kann. Catherine hat zwölf Huskys vor sich angeschirrt, die unsere Verpflegung schleppen müssen. Wenn wir halten, sollen wir einen spitzen Schneeanker ganz fest in den beinharten Untergrund stampfen. Erst letzte Woche hat das jemand vergessen und diese Hunde sind erst zehn Kilometer weiter stehen geblieben, weil sich der Schlitten zwischen zwei Bäumen verkeilt hatte.

Mittags wärmen wir uns am Lagerfeuer. Wir spießen Rentierwürste auf Zweige und halten sie über die Glut. Die Hunde schnappen durstig nach Schnee, dann fallen sie in einen Tiefschlaf. Catherine kümmert sich um alles, sie brüht uns Tee auf, und während meine werten Mitreisenden ihren Wodka unter sich kreisen lassen, erklärt sie uns das finnische Hundisch. *Oikea* heißt rechts, *vasen* links, *suoran* geradeaus, *seis* stopp und *tulle, tulle* komm, komm. Wenig später probiere ich meine neuen Kenntnisse aus, aber was ich auch rufe, sie wackeln nicht mal mit den Ohren. Mein Leittier ist Daami, eine Hündin. Frauen wissen, wo es lang geht, sagt Catherine.

Um fünf Uhr kommen wir an der Hütte an, doch bevor es dunkel wird, muss jeder wie jeden Abend richtig anpacken. Zuerst das Eis auf dem See aufhacken, das Wasser in Kübel schütten, Feuer im Haus und in der Sauna machen, dann Hunde und Touristen füttern. Als das Wasser heiß ist, kriegen die Hunde eine warme Suppe, in der sich klumpige Fleischbrocken auflösen. Das Zeug stinkt faulig, doch sie stürzen sich gierig auf die Näpfe, als gäbe es nichts besseres auf der Welt. Ich selbst esse drinnen mit Handschuhen, Mütze und Stirnlampe, wir haben uns einen Lachs aufs Brett genagelt und zum Räuchern vor den Kamin gestellt. Beim Öffnen der Münder kann man unse-

Angekettet zum Fressen und dann im Freien schlafen: ein Hundeleben. Aber die Huskies sind begeistert davon

Scharfe Kurven, kalte Füße

ren Atem sehen. Draußen zeigt das Thermometer 38,5 Grad minus an, so eine Temperatur konnte ich mir bisher nicht vorstellen, nicht drei Flugstunden von zuhause entfernt. Meine Füße sind eiskalt, ich soll mir Huskywolle zwischen die Zehen stopfen. Es klappt, ich habe keine Angst mehr vor der Amputation.

2. Tag, 33 km

In aller Frühe gibt es Kaffee in der Tasse von gestern, sie riecht noch nach Zahnpasta. Die Sicht ist heute ziemlich bescheiden, ich stehe auf den schmalen Kufen und bewege meine Zehen. Immer bewegen, sagt Catherine, sonst werden sie nicht warm. In einer scharfen Kurve passiert es, Hetfielt will mal für kleine Hunde und stoppt so plötzlich, dass die hinteren Kläffer über ihn stürzen. Ich brülle *vasen, seis, tulle, tulle*, alles durcheinander, doch der Schlitten kracht um und begräbt mich im staubigen Weiß. Ich kann noch den Schneeanker um einen Baum wickeln, dann liege ich mit dem Gesicht zuerst auf dem Boden und bewege meine Zehen. Sie sind jetzt schön warm.

Überhaupt wird es nun wärmer, mindestens 19 Grad minus, es kommt mir nach dieser kalten Nacht fast wie Grillwetter vor. Die Sonne kommt heraus, in diesen Märztagen wird es jede Woche eine Stunde länger hell. Wir erreichen unser nächstes Quartier, doch die asoziale Wahrheit ist: Je mehr wir muffeln, desto kleiner werden die Hütten. Als Rene seine Stiefel abstreift, verduftet auch mein Hunger. Abends erzählt Catherine von Fuchur und Ronja, sie ist stolz auf ihre Hunde, wenn sie sich streiten, zieht sie die beiden freundschaftlich am Schwanz.

3. Tag, 45 km

Dieser Sven! Macht nichts, meckert nur rum und schnarcht, dass die Hütte wackelt. He, lang mir das Müsli rüber, brummt er. Ich schaue aus dem Fenster, der Blick nach draußen stimmt mich wieder milde. Blauer Himmel und höchstens 25 Grad minus. Wir stecken die freudig erregten Hunde ins Geschirr und fahren weiter. Auf dem Eis der Seen schleicht uns die Kälte in die Knochen, im Sommer soll es hier sehr schwül sein, man kann nirgendwohin vor den Mücken fliehen. Die Fenster sind dann hier ebenso geschlossen wie im Winter.

Mittags essen wir in Nirrojärvi Gemüsereis mit Stäbchen, die wir aus Ästen schnitzen, die hübschen Berge um uns herum sehen aus wie aufgehäufter Puderzucker. Die Wege werden immer enger, manchmal stoßen

Mittagspause: Tee mit Rentierwurst on the rocks

Jeder hat nur eine Tasse: für Tee, Wodka und Zahnputzwasser

wir uns die Köpfe in den dichten Wäldern. Abends darf Fuchur in den Raum neben der Sauna, kaum ist er von der Kette, benimmt er sich wie unser Familienhund. Liegt auf dem Teppich und schaut gierig zum Tisch, eigentlich fehlt nur noch der Fernseher. Catherine kocht das finnische Nationalgericht Poronkäristys, man drückt sich ein Loch in das Püree, schaufelt geschnetzeltes Rentierfleisch mit Preiselbeeren drüber und legt Salatgurken an den Rand: ungeheuer lecker.

4. Tag, 42 km

Leichter Schneefall, wir gleiten durch eine Lichtung, dann schlagen uns abermals Zweige ins Gesicht. An einem steilen Anstieg helfe ich den Hunden schieben, nicht zu viel, ruft Catherine, sonst haben sie keine Lust mehr! In diesem grellen Weiß verliert man fast jegliches Zeitgefühl, aber kann es auf einer Reise Schöneres geben?

Die Hunde hören wieder nicht auf mich, sie mögen am liebsten den hellen finnischen Singsang, da habe ich keine Chance. Vor allem Hetfielt macht, was er will, die wuschlige Mischung aus Rentierhund und Husky läuft mürrisch an der Leine. Er ist stur, bellt wenig und schaut selten auf, wenn man mit ihm spricht. Trotzdem muss man ihn einfach gern haben.

Nach einem langen, kalten Tag erreichen wir völlig erschöpft unseren nächsten Schlafplatz. Erst werden die Hunde gefüttert, dann die Schweizer. Es gibt Felchen mit Kartoffeln und zum Nachtisch Leipäjuusto, einen Brotkäse, der in einer süßen Sahnesoße schwimmt und in den Kaffee getunkt wird. Sven wäscht wieder nicht ab, nach der Küchenarbeit blättere ich bei Kerzenschein im Hüttenbuch herum. Annette schreibt: Als Thomas nackt aus der Sauna kommt, fangen die Hunde an zu bellen.

5. Tag, 42 km

Um sieben geht der Wecker, aber es dauert, bis wir uns aus den Schlafsäcken schälen. Es sind nur noch acht Grad minus draußen, ich pelle mich aus meiner Fellmütze und sehe endlich das ganze Land. Scooby-Doo macht sich einen großen Spaß daraus, sich im Liegen anschirren zu lassen, Hetfielt blickt gelangweilt auf: Bleib ruhig, Deutscher, heute ist Freitag. Hat er etwa gegrinst?

Es schneit, nicht von oben, sondern von vorn, wie immer von vorn. Ich helfe heimlich bei den Steigungen, ist ja der letzte Tag. Als wir am Nachmittag über die Straße brettern, wissen die Hunde: Es geht nach Hause. Sogar Hetfielt bellt, eine Stunde später sind wir im Camp, über 400 Hunde grüßen mit ohrenbetäubendem Lärm.

Manchmal schleichen sich nachts Touristen an und zerren die Hunde aus dem Zwinger, um ein letztes Foto fürs Familienalbum zu machen. Am Nachmittag sitzt Sven mit einer Büchse Bier in der Sauna. I did it! Er hat was zu erzählen, er war hinterm Polarkreis und nicht im Liegestuhl auf Gran Canaria.

Ein paar Tage danach, zurück zu Hause, gehe ich mit unserem Hund Gassi. Er sieht traurig aus. Es ist früher Abend und drei Grad plus. Der Himmel ist klar, oben funkelt der Nordstern. Ich schließe die Augen. Hat da nicht Hetfielt gebellt? □

Michael Schophaus, *Buch- und Zeitschriftenautor, lebt in der Nähe von Düsseldorf.*
Walter Schmitz, *Fotograf aus Hamburg, las lieber in den offenen Gesichtern der Hunde als in den verhüllten der Menschen. Für dieses Heft fotografierte er auch auf dem Eisbrecher Sisu (siehe ab Seite 54).*

MERIAN | INFO Huskytouren

Die neuntägige Harriniva-Husky-Safari führt in Etappen von 30 bis 70 km von Muonio nach Kilpisjärvi, durch Wälder, über Ebenen und zugefrorene Seen. Übernachtet wird in einfachen Hütten, die Mahlzeiten werden gemeinsam zubereitet. Jeder der maximal fünf Gruppen-Teilnehmer muss sich um sein Hunde-Gespann selbst kümmern. Thermo-Kleidung stellt der Veranstalter. Die Touren finden von März bis April statt, pro Person 2700 €. Fünftägige Touren durch den Pallas-Ounas-Nationalpark gibt's im Dezember und von Januar bis März.

1180-1350 € pro Person
www.harriniva.fi
info@harriniva.fi
Tel. 003 58-16-530 03 00
Fax 003 58-16-53 27 50

KNSK
☐ PLATIN
☐ PLAGIAT
Capital
LESEN. ENTSCHEIDEN.

* Da es sich um Originalaufnahmen der UNEP handelt, sind die Karten auf Englisch beschriftet.

Wo der Urwald schwindet

In Finnlands Nordosten, nahe der nördlichen Waldgrenze, wird auch alter Baumbestand durch die Papierindustrie abgeholzt. Die UNEP, die Umweltbehörde der UNO, dokumentiert den Wandel mit Satellitenbildern wie denen auf dieser Seite

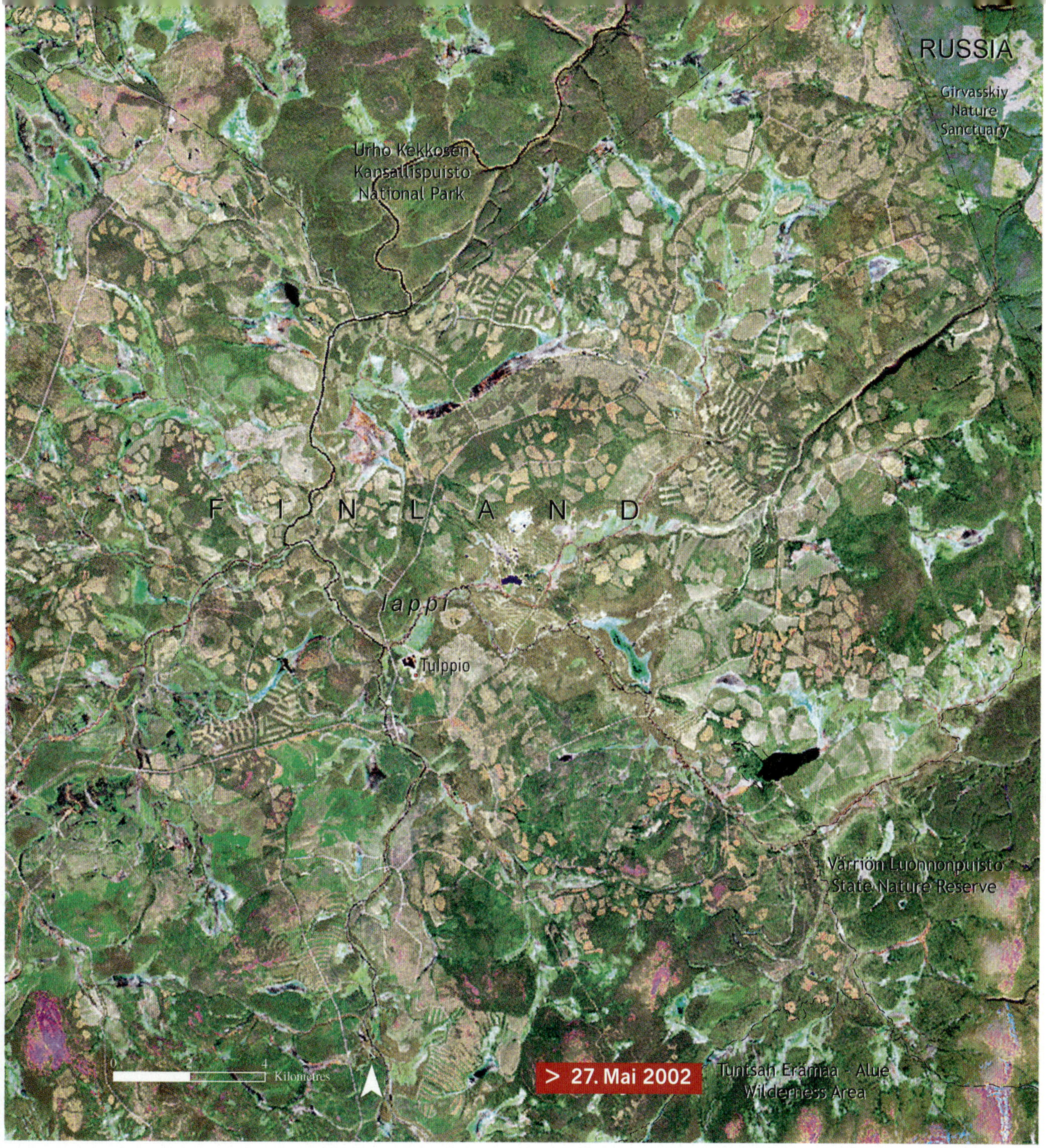

Fast drei Viertel Finnlands sind von Wald bedeckt. Ein Viertel der Papierproduktion der Welt und ein Sechstel der Kartonage-Produktion stammen von hier. Am Export des Landes hat die Forstindustrie einen Anteil von 30 Prozent. Die beiden Satellitenaufnahmen zeigen den nahezu menschenleeren Nordosten Lapplands, nahe der russischen Grenze: ein Areal in vollkommener Einsamkeit, der einzige Ort Tulppio besteht lediglich aus einem im Sommer genutzten Camp. Wie sehr die intensive Forstwirtschaft das Landschaftsbild verändert, lässt sich leicht ersehen: 1987 liegt der Wald noch wie eine geschlossene Decke über der Region. 2002 sieht sie aus wie der Flickerlteppich hessischen Bauernlandes, von Wegen durchzogen. Gut zu erkennen sind der Urho-Kekkonen-Nationalpark oben und die beiden Naturschutzgebiete am unteren rechten Bildrand. Hier ist der Holzeinschlag verboten, die alten Wälder an der nördlichen Nadelwaldgrenze werden erhalten. Dazwischen liegen Kahlschlagflächen, die die Holzindustrie damit rechtfertigt, dass diese die natürlich auftretenden Waldbrände imitierten. Zwar wird überall aufgeforstet, aber die monotonen Plantagen bieten nicht den gleichen Lebensraum wie die langsam wachsenden borealen Urwälder. Hier lebte über Jahrhunderte das Volk der Samen. Weil der Urwald und damit die Lebensgrundlage der Rentierzüchter weiter dezimiert wird, haben sich die Samen an die UN-Menschenrechtskommission gewandt. Auch stehen in Finnland 564 Tier- und Pflanzenarten auf der Roten Liste der vom Aussterben bedrohten Arten. □

MERIAN VON A–Z ZUM BESTELLEN

- Ägypten
- Amsterdam
- Andalusien
- Athen
- Australien

- Baden-Württemberg*
- Bali

- Baltikum
- Barcelona
- Berlin
- Bonn*
- Brasilien
- Braunschweig*
- Budapest
- Burma

- Chicago
- Côte d'Azur
- Chile und Patagonien
- China: Peking und der Norden

- Deutschland*
- Dominikanische Republik
- Dresden

- Dubai
- Elsass
- Essen*

- Emilia-Romagna
- Florenz
- Florida
- Frankfurt
- Französische Atlantikküste

- Gardasee und Oberitalien
- Große Ferien*
- Griechenland*

- Hamburg
- Harz
- Hongkong

- Irland

- Island
- Istanbul
- Italien**

- Japan
- Jerusalem

- Kalifornien
- Kanalinseln
- Kanar. Inseln
- Karlsruhe*
- Köln
- Kopenhagen

- Krakau
- Kreta
- Kroatien
- Kuba

- Leipzig
- Ligurien
- Lissabon
- Die Loire
- London

- Madrid
- Mallorca
- Marokko
- Masuren
- Mauritius und Réunion
- Malta
- Meckl. Vorp.
- Mexiko

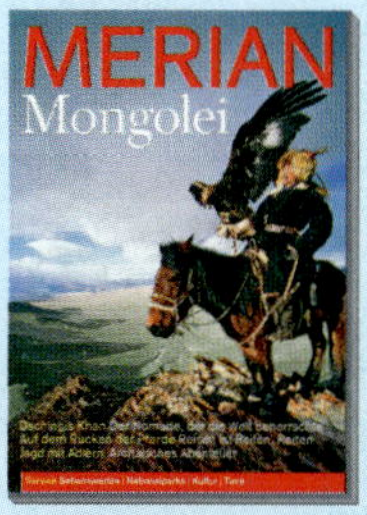

- Mongolei
- Moskau
- MS Europa*

- München
- Münsterland
- Namibia
- Neapel und die Amalfiküste
- Neuseeland
- New York
- Wasserreich Niedersachsen*

- Oberbayern
- Osnabrück und Osnabrücker Land*

- Paris
- Piemont / Turin
- Portugal
- Prag
- Provence

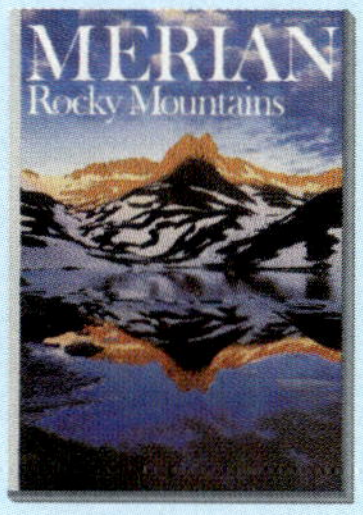

- Rocky Mountains
- Rom
- Das neue Ruhrgebiet*

- Salzburg und das Salzburger Land
- Sardinien
- Schottland
- Schweden
- Schweiz
- Shanghai
- Sizilien
- Slowenien
- Spaniens Norden
- St. Petersburg
- Steiermark
- Südafrika
- Südtirol
- Sylt

- Syrien·Libanon
- Tessin
- Thailand
- Thüringen
- Tirol
- Toskana
- Türkische Südküste

- Traumstraßen*
- Umbrien und die Marken
- USA: Der Süden

- Venedig
- Vietnam – Laos – Kambodscha

- Weimar
- Autostadt Wolfsburg*

- Zürich
- Zypern

MERIAN Ausgaben erhalten Sie für 7,50 Euro, die MERAIN Extra-Ausgaben für * 5,– bzw. ** 7,50 Euro

MERIAN ist das Synonym für Reisen und Kultur auf höchstem Niveau. Wertvolle Tipps und detailgetreue Kartographie erleichtern Ihre Reiseplanung und geben neue Ideen und Ziele.

Nutzen Sie auch den bequemen Bestellservice unter Telefon 040/87973540 oder www.merian.de/shop

MERIAN
Die Lust am Reisen

Sisu macht Sieger

In Kuopio dreht sich im Winter alles um Sport und Spaß auf dem Kallavesi-See. 9000 Profis und Amateure treffen sich hier zum Finland Ice Marathon. Nummer 547 ging für MERIAN an den Start

Text: Gerhard Waldherr

Die Zielgerade runter, durch die Zeitnahme, dann am Verpflegungsposten zwei Becher Tee greifen. Startnummer 547 denkt sich: Bloß nicht noch mal alles verschütten. Reicht schon die Eiskruste am Kragen, die steifgefrorene Mütze, der feuchte Hosenboden. Und erst die klammen Handschuhe. Gute Handschuhe, außen Wildleder, gefüttert mit Lammfell. Nur dass sie sich mit verschüttetem Tee bei anhaltendem Fahrtwind und Minustemperaturen anfühlen wie Gipsmanschetten mit Kühlaggregat. Startnummer 547 stellt die Schlittschuhe quer, kommt zum Stillstand. Freundliche ältere Damen verteilen zum Tee Käsebrote. Sie sagen ständig irgendwas, worin das Wort *hyvää* vorkommt. *Hyvää! Hyvää!*

Hyvää heißt gut. Ist das so? Positiv ist bislang, dass 547 nach etwa einem Dutzend Stürzen, mit schmerzenden Knien und Ellbogen, kalten Ohren und einer tropfenden Nase, dass 547, während die Muskeln im Oberschenkel schon alarmierend stechen, auch auf die dritte Runde geht. Hinter dem Verpflegungsposten am Ufer entlang bis zur Brücke nach Siilinjärvi, die Bucht Kuopionlahti rechts liegen lassen, links ab und hinaus auf den See, wo der Kurs in Schlingen, Schleifen und langen Geraden übers Eis führt, zehn Kilometer, begrenzt von Schneehaufen, gezeichnet von Rissen, Sprüngen, Wölbungen, Löchern so groß wie Konservendosen. Weiter, immer weiter. Kopf gesenkt, Augen auf die Bahn. Unter dem Eis schimmert es dunkel und mysteriös.

Vor drei Tagen kam ich an in Kuopio, etwa vierhundert Kilometer nordöstlich von Helsinki auf einer Halbinsel im Kallavesi-See. Es ist, obwohl größte Stadt Ostfinnlands mit 90 000 Einwohnern, ein ruhiger, unaufgeregter Ort mit einem Marktplatz und hübschen Parks. Früher war Kuopio bekannt durch seine Textilindustrie, heute ist es eines der wichtigsten Wissenschaftszentren des Landes, führend bei der Agrarbiotechnologie, der Medizin- und Umwelttechnik.

Der Bürgermeister Petteri Paronen könnte viel darüber berichten. Er war Dozent für Pharmazie an der örtlichen Universität. Er könnte vom Symphonieorchester, dem Theater, der schönen orthodoxen Kirche erzählen, dem hohen Lebensstandard. Petteri Paronen schwärmt stattdessen von Natur und Stille, von Erholung und Einsamkeit. „Wir leben inmitten eines einmaligen Naturwunders in Europa, wir sind umschlossen von Seen, Seen, Seen, es gibt kaum eine Stelle, die mehr als 500 Meter vom Wasser entfernt ist." Im Sommer bieten Fährunternehmer täglich bis zu 30 Ausflüge an.

Jetzt im Februar sieht man nichts als Weiß und Grau und Farben dazwischen. Auf den Bäumen Schnee. Auf den Feldern Schnee. Auf den Straßen Schnee. Die Seen und Teiche zugefroren. Klar, dass die Finnen Dutzende von Bezeichnungen haben für Schnee in all seinen Formen und Zuständen: *viti, souli, siukale, sevä, tykky, hiere, karstanne. Siukale* ist besonders schön. Es bedeutet: eine langsam vom Himmel rieselnde Schneeflocke.

Vom Hotelbalkon fällt der Blick auf den See. Es ist Morgendämmerung. Wie düstere Skulpturen zeichnen sich die Bäume vom Seeufer ab. Doch schnell wird es heller, grellhell, denn die Sonne erhebt sich wie eine gleißende Glühbirne. Der Schnee funkelt. Flocken rieseln langsam vom Himmel und sehen aus wie Schnipsel aus Alufolie.

Das ist die Szenerie, in der sich Pekka Hynninen bewegt. Jeden Morgen schrubbt er mit seiner Pistenraupe über die Eisdecke. Hynninen kennt die Eigenschaften und Tücken des Eises, er weiß, dass es schiebt und drückt, knackt und bricht; weiß, wo es dicker ist und wo unterirdische Strömungen es nicht wachsen lassen. Hynninen macht den Kurs für den Finland Ice Marathon.

Diese fünftägige Party für Hobbyläufer und Profiskater, Jung und Alt ist der Höhepunkt der Wintersaison in Kuopio. 9000 Menschen sind jährlich dabei. Hynninen macht den Kurs jedes Jahr anders, und jedesmal sieht er aus wie ein abstraktes Gemälde auf einer weißen Leinwand.

Kurios ist die Geschichte des Finland Ice Marathon. Er kam auf Umwegen über die Niederlande nach Kuopio. Bekanntlich ist der Finne ein guter Eishockeyspieler und ein nicht so guter Eisschnellläufer. Beim Niederländer ist es umgekehrt. Weshalb in Holland eine inzwischen legendäre Veranstaltung entstand: „De Friesche Elfstedentocht". 1906 wurde das 200-Kilometer-Rennen, das auf gefrorenen Kanälen elf Städte berührt, erstmals ausgetragen. Wer die Elfstedentocht jemals gewonnen hat, wird unsterblich. So wie Jeen van den Berg 1954, Reinier Paping 1963, Evert van Benthem 1985 und 1986. Das Dumme ist nur, dass es in Holland im Winter kaum noch dauerhaft knackig kalt wird; das Rennen muss meistens abgesagt werden; zuletzt kam es 1997 zustande.

Längst fanden die Niederländer im Ausland Austragungsorte für Ersatz-

Finnische Kicksled-Meisterschaft über 100 Kilometer. Schneegleiten ist wie Tretrollerfahren

rennen. Seit 1984 kommen sie nach Kuopio. Durchschnittliche Temperatur im Dezember: minus sieben Grad; Januar: minus neun Grad; Februar: minus zehn Grad; im März kommt es zu ersten Hitzewellen: minus vier Grad.

Irgendwann gefiel auch den Finnen der Sport mit den langen Kufen. Jedenfalls sind zum 200-Kilometer-Rennen die Distanzen über 25, 50 und 100 Kilometer dazugekommen. Es gibt einen Wettbewerb für ein Gerät, das sich „Kicksled" nennt, eine Art Schlitten, den man im Stehen fährt, sowie etwas, das zwar Ski Pole Skating heißt, aber Nordic Skating heißen sollte. Zwischendurch ist Kirmes auf dem Eis mit Würstchenbuden und Torwand für die Kids, Tratsch und Tanz für die Großen; sehr romantisch der nächtliche Publikumslauf, bei dem der Kurs mit Fackeln abgesteckt ist und auch die Läufer Fackeln tragen.

Sie mögen ihren Winter hier in Kuopio. Kaum ein Auto, in dem nicht ein Paar Langlaufski rumlägen. 460 Kilometer betreute und zum Teil auch beleuchtete Loipen verlaufen in und um Kuopio; in der näheren Umgebung sind es noch mal 800 Kilometer. Wer nicht nordisch unterwegs ist, fährt alpin im nahegelegenen Skigebiet Tahko. Man wandert in Schneeschuhen durch die Wälder oder über den See zu unbewohnten Inseln.

Die Frau an der Hotelrezeption erzählt, sie nehme jeden Morgen im Winter ein Bad in einem Eisloch gleich hinter dem Sportplatz; es gehört zu einer Sauna. Und wer schon immer alles über V-Stil und Telemark-Landung lernen wollte, für den gibt es einen Anfängerkurs auf der örtlichen Skisprungschanze. Winter? Finden sie sehr *hyvää!* Und deshalb sieht das alles spielerisch natürlich aus, als zur Eröffnung der Veranstaltung Kinder eine Arctic Ice Show zelebrieren, in der sie den ewigen Kampf der Sonne mit dem Eis darstellten. Und anschließend gehen die Zuschauer mit dem Kinderwagen noch ein bisschen auf dem frostigen See spazieren.

Es ist so weit. Samstag, der große Tag. Um acht Uhr beginnt das Rennen über die 200 Kilometer. Die Temperatur liegt bei minus 15 Grad. Die meisten der Starter sind Niederländer. Viele davon sind Profis, die vom Eisschnelllaufen über Langstrecken leben können; es gibt einen Grand Prix, Spitzenläufer sind begehrte Werbeträger, die zweite Riege etwa läuft für ein Team namens „Kaas en Hout", das von einem Käschändler und einem Sägewerksbesitzer finanziert wird. In ihren bunten, hautengen Anzügen, maßgefertigten Schuhen mit 0,9 Millimeter schmalen Kufen, die pro Paar 800 Euro kosten, wirken sie ein wenig fremd im familiären Ambiente. Aber das macht nichts, denn wenn sie losgeprescht sind, kommt die nicht minder bunte, dafür aber umso unorthodoxer gekleidete, lustige Meute der Einheimischen, die dicke Anoraks, Skibrillen und Pelzmützen tragen, Wollwickel um die Waden, im Gesicht „Vitalis", die finnische Paraffincreme, die verhindert, dass aus Nasen Frostbeulen werden.

Es ist ein buntes Spektakel, wenn sich die strampelnde Menge über den See ergießt. Vorneweg die Profis aus den Niederlanden wie Jan Maarten Heideman, der in seinem Land schon sechsmal Meister über 100 Kilometer auf Natureis und viermal über 60 Kilometer auf Kunsteis war. Heideman sagt: „Für uns ist dieses Rennen wichtiger als die Olympischen Spiele." Dahinter lokale Sporthelden wie Antero Kotijärvi, der beruflich Lastwagen fährt und weiß: „Hinterher brauche ich wieder vier Wochen, um mich von den Strapazen zu erholen." Auf den kürzeren Strecken sind Familien unterwegs, Cliquen und Kegelklubs, die einen Ausflug machen, Menschen, die Spaß daran haben, Schlittschuh zu laufen.

Es gibt auch Leute wie Jochen Glasbrenner, Typ Hobbysportler von der fitteren Sorte. Macht Triathlon, läuft Marathon, fährt durch halbe Länder auf Inline-Skates. Ansonsten schafft er als Dipl.-Ing. bei Bosch in Stuttgart. Als er 1997 einen Report über die Elfstedentocht im Fernsehen sah, wusste er: „Das will ich machen. Wenn es nicht in Holland geht, dann eben hier."

Glasbrenner trainierte bis zu sechs Stunden täglich auf dem Fahrrad. Ging jede Woche anderthalb Stunden ins Stuttgarter Eisstadion. Bereitete sich akribisch vor, von Ernährung bis Wettkampfkleidung. Noch am Tag vor dem Rennen besorgte er sich Überschuhe und ging in Windstopperhose, Gesichtsmaske, Vlies, mehreren Lagen Unterwäsche und sonstigen atmungsaktiven Textilien an den Start.

Ganz anders als Startnummer 547. Der entschied erst am Abend vorher mitzumachen, lieh sich vom Mann der Sekretärin im Tourismusbüro eine Skihose, zog darunter und unter seine Winterjacke alles an, was er sonst noch im Koffer hatte, und marschierte zu Leosport in der Innenstadt. Fragte nach einem Paar Eishockeyschlittschuhen und war schon fast aus der Tür, als Leo sagte: „Mach das nicht, du hast nur die halbe Kufenlänge, die Kufe ist nicht

Wiegeschritt auf Kufen: Eistangotänzer beim Finland Ice Marathon

beweglich, du verlierst bei jeder Rille das Gleichgewicht und strampelst dreimal so viel für die selbe Distanz, die du mit Schnelllaufschlittschuhen schaffen würdest."

Wer nicht hören will, fällt hin und muss frieren. Nach drei Runden war Schluss für 547. Auf der Zielgeraden legte er noch mal ein paar nicht choreografierte Pirouetten für das Publikum hin. Zu seinen Beinen hätte eine Vokabel aus der finnischen Enzyklopädie des Schnees gepasst: *tykky* – ein schwerer Klumpen, der mit seinem Gewicht das Geäst der Bäume zu brechen droht. Doch er erholte sich bald wieder. Erst gab es Erbsensuppe und belegte Brote und am Abend eine große Feier im Nightclub „Gloria".

Kotijärvi war da, er hatte die 200 Kilometer geschafft und scherzte: „Ich mache das doch nur, damit ich von meiner Frau wegkomme." Glasbrenner war da, auch er hatte die 200 Kilometer geschafft: „Ich war gut vorbereitet, ich war richtig gekleidet, das war der Schlüssel." Und daneben stand ein hübsches finnisches Mädchen mit langen roten Haaren, bei dem es auch prima gelaufen war. Sie war Zweite geworden über fünfundzwanzig Kilometer und sagte: „Alles eine Frage von *sisu*." Sie lächelt, ihre eisblauen Augen strahlen. Sisu? „Das ist eine finnische Eigenschaft, bedeutet so viel wie Ausdauer, Charakter. Man hat es oder man hat es nicht." □

Gerhard Waldherr, *Jahrgang 1960, kennt sich mit Schlittschuhen aus. In den Jahren 1980 bis 1983 war er Eishockeyprofi, spielte in der Zweiten Bundesliga beim EC Bad Tölz.*

MERIAN INFO | Kuopio

INFORMATION

Touristenbüro Kuopio
Haapaniemenkatu 17
Tel. (017) 18 25 84, Fax 261 35 38
www.kuopioinfo.fi

Kuopio Card
Karte für Touristen, die Preisnachlässe für Unterkunft, Touren, Läden etc. offeriert. Gültigkeit: 1 Jahr; Preis: 12 €.
www.kuopiocard.fi

Finland Ice Marathon
Kuopion Jäähalli (Eishalle Kuopio)
Tel. 0400 53 629 47
www.finlandicemarathon.net

HOTELS

Scandic Kuopio
Am Kallavesi-See, 1 km vom Stadtzentrum, aber perfekt für Teilnehmer des Marathons, weil sich dann dort die Wettkampfkanzlei des Finland Ice Marathon befindet. 141 Zimmer, 4 Suiten, 2 Restaurants, Bar, Café, 3 Saunen und Swimmingpool; DZ ab 88 €.
Satamakatu 1, Tel. (017) 19 51 11
www.scandic-hotels.com/kuopio

Sokos Hotel Puijonsarvi
Zwischen See und Zentrum in der Nähe eines Parks und mehrerer Museen. 243 Zimmer, 13 Suiten, Restaurant, Bar, Nachtklub. DZ ab 87 €.
Minna Canthin katu 16
Tel. (017) 192 20 00
www.sokoshotels.fi

FERIENHÄUSER

Holiday Centre Rauhalahti
14 Ferienhäuser am Kallavesi (68 bis 89 m²) mit Küche, Sauna, Bad, Waschmaschine bieten Platz für 4-6 Personen, ab 144 €/Nacht oder 805 €/Woche. Minihütten für 2 Pers. ab 30 €/Nacht.
Kiviniementie, Tel. (017) 47 30 00
www.rauhalahti.com

RESTAURANTS

Musta Lammas
Alte Brauerei mit gemauertem Gewölbe. Lokale Spezialitäten wie Kaviar mit Quark und Kartoffeln und gebratene Quappe (Fisch) mit Speck.
Satamakatu 4, Tel. (017) 581 04 58
www.mustalammas.net

Puijo
Drehrestaurant im 75 Meter hohen Aussichtsturm. Serviert werden Wildspezialitäten mit Beerenkompott.
Auf dem Puijo-Hügel
Tel. (017) 255 52 55, www.puijo.com

BARS

Gloria
Pub und Disko, am Sa brechend voll.
Kauppakatu 16, Tel. 389 91 11
www.gloriaravintolat.fi

RAUCHSAUNA

Rauchsauna eines Hotels in einer Blockhütte am Kallavesi (6 km von Kuopio). Platz für 100 Besucher.
Hotel Rauhalahti, Katiskaniementie 8
Tel. (030) 608 30, www.rauhalahti.com

MUSEEN

Kuopio-Museum
Liebevolles natur- und kulturhistorisches Heimatmuseum.
Kauppakatu 23, Tel. (017) 18 26 03
www.museo.kuopio.fi
Di-Fr 10-17, Mi bis 19, Sa/So 11-17 Uhr; 5 €

Museum der orthodoxen Kirche
Eine der größten Sammlungen osteuropäischer Ikonen, Textilien und religiöser Objekte außerhalb Russlands.
Karjalankatu 1, Tel. 287 22 44
www.ort.fi/kirkkomuseo
Winter: tgl. 12-15, Sa/So bis 17 Uhr
Sommer: Di-So 10-16 Uhr; 5 €

>> weitere Tipps im Service-Teil ab S. 117

Gut vernetzte Schärenwelt: Auf festen Verbindungen und Fähren können die Åländer zueinander kommen. Eine Brücke nach Finnland aber wäre ein Albtraum für die autonome Region

Kein Fahrtwind für Fotograf Tobias Gerber. Nicht nur die Flügel der Windmühle bei Kastelholm stehen still, ganz Åland scheint in sich selbst zu ruhen

Auf zwei Rädern übers Wasser

Åland ist eine Welt für sich: 6500 Inseln zwischen Schweden und Finnland, nur jede hundertste bewohnt. Ein malerischer und verträumter Schärenarchipel, den man am besten mit dem Fahrrad entdecken kann

Text: Tibor Ridegh, Fotos: Tobias Gerber

Der Fisch ist weit draußen, das Boot am Steg. Auf Seglinge leben ganze 30 Insulaner, doch für einen Bootsausflug findet man immer einen Schiffer

Das Dunkel ist in die Zeit nach Mitternacht verbannt

Die Weißen Nächte an der Küste von Kumlinge sind lang und der nordische Hochsommer gewährt der Lichtlosigkeit nur eine Stundenfrist

Unter hohem Himmel entfaltet Åland den Zauber von Ferienglück

Die größte Attraktion von Åland ist die absolute Stille", spricht der Fotograf. „Oder der Fisch, der hier an der Angel ist", antworte ich. Ein mächtiger Zug spannt die Schnur, und Sekunden später zappelt ein Barsch am aufgezogenen Haken, silbrigweiß, wohl 35 Zentimeter lang.

Nicht allzu lange bleibt das Anglerglück ungestört. Auch über uns am blauen Sommerhimmel zappelt es jetzt. Das sind die Rotorblätter eines kreisenden Polizeihubschraubers. Von wegen Stille, Tobias. Was die wohl suchen?

Einen dicken Fisch, wie wir bald hören werden, eine Gang, die mittags im Zentrum von Mariehamn einen Geldtransporter überfallen, zur Ablenkung zwei Autos in Brand gesetzt und 25 Millionen schwedische Kronen erbeutet hat. „Es ist geschehen, was nicht geschehen konnte", schreibt die Zeitung *Ålandstidningen* am nächsten Tag. „Vielleicht hat Åland seine Unschuld verloren."

Glauben Tobias und ich überhaupt nicht, sind in Ferienlaune und haben gut reden auf unseren Fahrrädern, mit denen wir den Schärenarchipel zwischen Finnland und Schweden entdecken wollen. Die Sonne scheint, der Fahrtwind kühlt, links bemooste Granitklippen, Birken, Ebereschen, rechts eine abfallende Senke mit roten Holzhäusern in hellem Wiesengrund, vorn das blitzende Wasser eines kleinen Sunds und von Bankräubern keine Spur. Wer sollte uns den Garten Eden rauben? Es wird noch dauern, ehe dieses kleine Inselreich, wo kaum jemand seine Haustür abschließt, im Rest der Welt angekommen ist.

Wir fuhren los in Mariehamn. Die kleine Stadt hat alles, was eine Landes- und Inselmetropole braucht: zwei Häfen, zwei Zeitungen, ein Parlament, drei sehr gute Museen, eine Regierung und jede Menge rotgelbblau gekreuzter Landesflaggen, weil Åland seit 1921 innerhalb Finnlands Autonomie genießt. Es gibt jeweils ein Dutzend Ampeln und Eisbuden, auch Höherem verpflichtete Einrichtungen wie Kirche und Flugplatz und natürlich Banken, damit die von den schwedischen Urlaubern eingewechselten Kronen mehr oder weniger zuverlässig gehortet werden können.

Woran es einfach fehlt, sind finnischsprachige Beschriftungen, weil die Åländer ganz gut ohne die Finnen auskommen. Eigentlich sind 95 Prozent der Åländer Schweden und als solche überzeugt, Finnland entdeckt, die Eingeborenen aus den Wäldern gelotst, sie das Alphabet gelehrt und ihnen eine Nationalhymne verpasst zu haben, deren Absingen die Kehle sehr trocken macht, wogegen es aber Linderung gibt. Zum Dank dafür dürfen die Åländer heute finnische Pässe beantragen.

Mariehamns herausragender Stolz sind an die tausend Linden und vier Masten, die zu dem großen Museumsschiff „Pommern" gehören.

Bertil Byman, Typ Seebär, ist *„kapten"* dieser Viermastbark, die seit 1939 im Westhafen ankert. „Der Åländer Reeder Gustaf Erikson hat nach dem Ersten Weltkrieg die weltweit wohl größte Segelschiffflotte billig zusammengekauft", erzählt Bertil. „Frachtsegler waren damals Auslaufmodelle, aber Eriksson wusste sie auf der Weizenroute zwischen Australien und England äußerst gewinnbringend einzusetzen. Heute verdient die ‚Pommern' ihr Geld mit den Eintrittskarten von jährlich 30 000 Besuchern."

Bertil, der jede Luke, Planke und Winde auf dem 106 Meter langen Schiff kennt, ist nie zur See gefahren. Er war Werbefachmann, Händler in Moskau und Privatlehrer, ehe er sich in die 100-jährige „Pommern" am Westhafenkai verguckte und als Museumschef anheuerte.

Im Sjökvarteret am Osthafen, bei der Museumswerft, halten die Schiffbauer Mariehamns Seglertradition hoch. Ihr Prachtstück ist der Dreimastschoner „Linden", auf dem man vierstündige Segeltörns durch die Schärenwelt erleben kann.

Je weiter wir uns von Mariehamn entfernen, umso weniger Autos fahren an uns vorbei, Radwege vermissen wir nicht. An einigen Steigungen werden wir daran erinnert, dass wir auch Gepäck für vier Tage transportieren. So erweist sich am Abend der Golfplatz von Kastelholm mit seinem Restaurant als Oase. Die zwei 18-Loch-Bahnen, über die uns Clubvizechef Jesper Eliasson führt, sind dem Wasser und dem Schloss Kastelholm nahe und gehören gewiss zu den schönsten Courses in Nordeuropa. Für mit der Yacht anreisende Golfer gibt es eine große Marina. Wir Packsack-Radler fahren ins familienfreundliche Kastelholms Gästhem von Rose-Marie Lundberg. Dort treffen wir beim Frühstück am nächsten Morgen 18 Golfdamen aus Schweden.

„Nur Hexen", kommentiert Fotograf Tobias seinen Rundgang durch die Säle und Kammern von Kastelholm, „nicht recht fotogen." Er hat eine Ausstellung über die Verfolgung von sonderlichen Frauen im Mittelalter besichtigt. Die Außenansicht des malerisch am Sund gelegenen Wasserschlosses, sagt er, sei harmonischer. Mir aber ist ein bisschen nach Hamlet, und darum suche ich die Kammer im Burgturm, wo 1571 Schwedenkönig Johan III. seinen Bruder und Vorgänger Erik XIV. eingesperrt hatte. Einige Jahre zuvor war es umgekehrt gewesen: Erik hatte Johan zuerst in Turku, später auf Schloss Gripsholm in den Knast geschickt. Royals unter sich.

1 Von Seeluft konserviert: Landhaus bei Sund 2 Schon wieder Land in Sicht: Der Schärenbuckel ist hoffentlich auf der Seekarte verzeichnet 3 Luftig, lustig und cool: Große Sprünge ins Wasser vor Lemland 4 Gute Aussicht auf ein Abendmahl: Feriendorfbesitzer Otto Hojar und der Hecht des Tages

1

2

3

4

Die Vergangenheit ist greifbar, der nächste Kiosk fern

Die Herrschaft der heidnischen Wikinger lag gerade 200 Jahre zurück, als ihre Nachfahren um 1280 St. Olof in Jomala bauten, die älteste Steinkirche auf dem Archipel

Christina Haldin liebt ihren Sommerjob im Freilichtmuseum Jan Karlsgården. Im Herbst geht's zurück in die moderne Einbauküche im Studienort Turku (Åbo). Der MERIAN-Autor verlässt schon jetzt das 19. Jahrhundert Richtung Vårdö

Freundlicher geht es in der Nähe des Schlosses in einer alten Stube zu, deren Lichtblick die junge Christina ist mit ihrem strahlenden Wesen und weißblondem Haar. Sie führt Aufsicht im Freilichtmuseum Jan Karlsgården. Ja, ja, als Ethnologiestudentin fühle sie sich mitten im bäuerlichen 19. Jahrhundert am richtigen Platz. Im Sommer könnte Christina durchaus so leben wie damals – gäbe es nur einen Hahn mit fließendem Wasser und als Lektüre einen Kriminalroman.

Wir haben das 19. Jahrhundert verlassen und werden doch wieder schnell davon eingeholt. Das Ruinenfeld der Festung Bomarsund taucht auf. Die Ålandinseln, wie Finnland unter russischer Hoheit, wurden 1854 zum nördlichsten Schauplatz des Krimkrieges. Im August kreuzten 25 Schiffe und 10 000 Mann einer englisch-französischen Flotte in åländischen Gewässern und beschossen Bomarsund, den westlichsten Vorposten Russlands, bis nach zwei Tagen die Russen kapitulierten. Die Festungsreste sind kärglich, die Laune aber ist überschwänglich, wenn im August die Russischen Tage von Bomarsund mit einem Friedenslauf, Markt, Tänzen und Musik gefeiert werden.

Unser immer wiederkehrender Wegweiser über die Inseln ist ein Schild mit Posthorn. Wir folgen dem fast 400 Jahre alten Postweg, der Stockholm mit Turku (Åbo) verband. Die åländischen Bauern waren verpflichtet, die Routenabschnitte zu unterhalten und auch für die Transporte über Wasser zu sorgen, kostenlos.

Gratis fahren auch wir jetzt auf der „Alfågeln" von Vårdö nach Kumlinge, Fähren sind nach finnischem Verständnis nichts anderes als schwimmende Landstraßen. Für Autos wird auf nur wenigen und langen Strecken gezahlt. Kapitän Olav Hansen hat das Kommando über ein fast volles Schiff. 40 Autos, vier Transporter – viel Sommerhausverkehr in dieser Jahreszeit. „Natürlich wird auch im Winter gefahren", sagt der Schiffsführer, „und mit dem Eis wird die ‚Alfågeln' allein fertig." Das Eis dagegen mit schrottreifen Autos, in denen übermütige Jugendliche auf der weißen Weite herumkurven, bis das Benzin alle ist. Dann gehen sie nach Hause, und das Tauwetter tut das Seine.

Auf Kumlinge gibt es eine kleine Feldsteinkirche mit schönen, 600 Jahre alten Kalkmalereien und die Kumlinge Filialapotek mit einer charmanten Einrichtung aus den dreißiger Jahren. Die Apothekerin ist froh, dass ein selten verschriebenes Medikament auf der „Alfågeln" mitgebracht wurde. Nina Carlsson kam vor 24 Jahren aus Helsinki auf die kleine Insel und hat keinen Tag bereut. Sie

1 Ruhiges Bad im Wasser vor den Ruinen von Bomarsund, 150 Jahre nach dem Sturm auf die Russenfestung 2 Guy Frisk und seine Roboter: Zeichen der Zeit im Wald von Lumparland 3 Die Kirche hält Kurs: Votivschiff und romanische Malereien in Jomala 4 Lohnende Ziele des alten Postwegs: Nicht alle muss man auf einer Radtour besuchen

Die Zeit tickt nicht richtig auf Åland, die Stunden trödeln herum. Das ist erholsam

hat einen Kundenstamm von 360 Menschen in den umliegenden Schären. Zurzeit kommen viele Feriengäste in die altmodische *apotek*. Wie die Familie, die gerade hereinspaziert und Brandsalbe verlangt. Sowas kommt nur in Jahrhundertsommern vor.

Wir haben uns an den Ålandian way of ride gewöhnt, gelassen und geruhsam treten wir in die Pedale. Alle Straßen haben einen rötlichen Granitbelag, alle Kühe haben gelbe EU-Nummern im Ohr, alle Kirchen haben ein schönes Votivschiff. Tobias, als Fotograf bisher eher mit Saigon und Surabaya vertraut, sucht auch in Seglinge längst nicht mehr „das bunte Leben im Zentrum", sondern hat sich damit abgefunden, dass ihn ein Ortsname auf der Karte regelmäßig mit nur einer Wegkreuzung samt Supermärktlein, Benzinzapfsäule, Bankfiliale und Kirche betrügt. Kneipe? Sie müssen hier wohl alle trocken sein.

Wir kommen nach Isakssons Stugby in Hastersboda auf Föglö. Otto Hojar, Eigentümer des Ferienhausdorfes in einer wunderbaren Wald-, Klippen- und Wasserlage, begrüßt uns in fließendem Deutsch und lädt uns zum Bleiben ein. Eine Stunde später tuckern wir, mit Angelgerät bewaffnet, auf dem Wasser. Komischer Geruch. „In Russisch-Karelien brennen die Wälder", sagt Otto. „Und Karelien ist weit!" Spät geht es in die Sauna. Nach den Saunagängen kühlen wir uns im letzten Licht des Tages in der Ostsee ab.

Frühmorgens, unterwegs auf der letzten Etappe, weichen wir einem totgefahrenen Fuchs aus. „Wenn er nicht blind und taub war", befindet Tobias, „liegt eindeutig Freitod vor."

In Degerby ist das Warten auf die Fähre kurzweilig. Am Hafen finden wir ein Café zum Frühstücken, ein winziges Museum und den „Jungfrauentanz", ein aus Steinen gelegtes Labyrinth. Diese Irrgärten wurden bis vor 150 Jahren in der Nähe von Häfen „bespielt". Den Parcours ertanzend, erbaten die Fischerfamilien Wind, sichere Fahrt, guten Fang und glückliche Heimkehr. Wir aber vertrauen der Fähre „Knipan" und sind eine halbe Stunde später auf Lumparland.

Wir machen einen Abstecher zur Schäre Ängö, wo uns Vidar Häggblom

In sieben Jahrhunderten zerstört, erobert, abgebrannt, und schon wieder kommen Invasoren nach Kastelholm: jährlich 40 000 Touristen

Herumtreiberin auf den Weltmeeren 1903 bis 1939, dann an die Kette gelegt: die Viermastbark „Pommern"

sein Wasserreich zeigt. 22 Schären nennt er sein eigen, ist sich ziemlich sicher, sie alle irgendwann mal betreten zu haben. Er und der eine oder andere Elch. „Die schwimmen", erzählt er, „sogar bei Treibeis zwischen den Inseln herum." Die Schäre, die wir jetzt mit dem Motorboot passieren, sieht mit ihren weißen Baumkadavern aus wie das Bühnenbild für ein Beckett-Stück. Annektiert von Kormoranen. Vidar, der sie herzlich hasst, weil er eine gute Fischausbeute lieber seinen Angelgästen gönnt, wird sich damit trösten, dass er sein Geld vor allem woanders verdient: in seinen großen Apfelplantagen. Åland-Äpfel sind Exportklassiker, und in Tjudö auf Finström wird „Ålvados" gebrannt, ein feiner, aromatischer Apfelschnaps.

Am Waldrand von Krogstad auf Lumparland haben sich Betonquaderskulpturen versammelt. Sie wirken wie Roboter, strahlen Bedrohlichkeit aus. „Bei mir geht es immer um die Macht über die Menschen", sagt Guy Frisk. Drinnen, im großen Atelier, sehen wir uns viel freundlichere Bilder an, Landschaften der Stille. „Was Menschen gemacht haben, vergeht", betont der Künstler noch einmal. „Aber achtet immer auf die Natur!"

Das haben wir vier Tage lang getan. Noch 27 Kilometer bis Mariehamn. Mal sehen, wie weit sie dort mit ihrer Suche nach den Bankräubern gekommen sind. □

Tibor Ridegh, *Redakteur dieses Heftes, hat auf der Inseltour sein eigenes Fahrrad wieder lieben gelernt.*
Tobias Gerber, *Fotograf aus Biberach, war zum ersten Mal in Skandinavien.*

MERIAN | INFO Åland

Ålands Turistinformation
Infos über Fährfahrpläne, Unterkünfte, Aktivitäten.
Mariehamn, Storagatan 8
Tel. (018) 240 00
Fax 242 65
www.visitaland.com/de

Fahrradverleih RO-NO Rent
im Westhafen und im Osthafen von Mariehamn, Räder ab 8 €/Tag bzw. 35 €/Woche
Tel. (018) 128 20
www.goaland.net/rono

Museen
siehe Seite 123

Schloss Kastelholm
Kastelholm (Sund)
Tel. (018) 43 21 50
www.museum.ax/museum/kastelholm.pbs
Juni-August tgl. 10 bis 17 Uhr
Mai u. 1.-15. Sept. Mo-Fr 10-16 Uhr

Freilichtmuseum Jan Karlsgården
beim Schloss Kastelholm
Mai-August tgl. 10-17 Uhr
1.-15. September Mo-Fr 10-16 Uhr
Eintritt frei

Ålands Golfklubb Kastelholm
Kastelholm (Sund)
Greenfee ab 38 €/Tag
Golf-Packages z.B. in Kooperation mit Viking Line und Eckerö Linjen, an der Marina ca. 80 Übernachtungsplätze
Tel. (018) 415 00
www.golfclub.aland.fi

Kastelholms Gästhem
Freundliches kleines Gästehaus nicht weit vom Schloss
Tosarbyvägen 47
Tel. (018) 438 41
www.goaland.net/Kastelholmsgasthem
Mai bis Mitte Okt.;
DZ 65 €

Isakssons Feriendorf
Hastersboda (auf Föglö)
ganzjährig, Hütten je nach Ausstattung und Saison zwischen 84 und 480 € pro Woche (Mo-Mo) inkl. Boots- und Saunabenutzung, Angelberechtigung
Tel.(018) 514 90, Fax 514 95
www.isakssonss.com

Route einer viertägigen Fahrradtour durch die Inselwelt

Bildnachweis

Anordnung im Layout: o=oben, u=unten, r=rechts, l=links, m=Mitte. Titel: Harald Theissen/Alamy; S. 3 o Tobias Gerber, m Miquel Gonzalez, u Walter Schmitz; S.6-7o Tapio Heikkilä, S.6 M.Gonzalez, S.7 ml W.Schmitz, ul T.Gerber, mr W.Schmitz, ur Avarte Oy; S.8 o+m M.Gonzalez, u plainpicture/Pictorium; S.10 o Visitfinland Imagebank, m+u picture-alliance/dpa; S.12 o M.Gonzalez, m Max Galli/laif, u Peter Linden; S. 14-15 Marc-Oliver Schulz; S.16-17 M.Galli/ laif; S. 18-19 M.-O.Schulz; S. 20-21 Bryan & Cherry Alexander/Alamy; S. 22-23 Markku Tano; S. 24-25 M.-O. Schulz; S. 32-42 M.Gonzalez; S. 44-45 l+m Nokia Oyj, r Stephan Sahm/laif; S.46 o Anne Saarenoja, ul Mike Hughes/ laif, ur Graf Luckner/Picture Press, S.47 Jörg Modrow/laif; S.48 Ingalill Snitt/Flammarion, S.49 ol Bekka Vainonen, or I.Snitt/Flammarion, u Wendy Sue Lamm/Contrasto; S.50 Günter Gräfenhain/Huber, S.51 o Silwen Randebrock, ul I.Snitt/ Flammarion, ur Luckner/Picture Press; S.52 Peter Östberg/Comma, S.53 plainpicture/ilubi images; S.54-65 W. Schmitz; S.68 iittala, S.69 o, ul+mr2 Marimekko Imagebank, mr1 iitatala, ml+ur Avarte Oy, S. 70 Anu Penttinen, S.71 ol+or1 Adelta, or2 A.Penttinen, m+mr iittala, ul Artek; 72 or iittala, mr Kari Holopainen/ Lindfors, S.73 ol iittala, ml Stefan Lindfors, r Marco Melander/Lindfors; S.74 ol+or Elina Helenius, ul+ur Matti Söderkultalahti; S.76-84 M.-O.Schulz; S.86-94 W.Schmitz; S.96-97 Unep 2005: Atlas of Our Changing Environment, UNEP/NASA; S.101 Risto Antikainen/Comma, S.102 Palsila Kari/Comma; S. 104-114 T.Gerber; S. 117 T.Gerber; S. 118 Alfred Büllesbach/Visum, S.119 o +u M. Gonzalez; S.120-121 o Aivar Mikko/PhotographersDirect, ml+ul Sabine Bungert/ laif; S.122-123 o Riccardo Spila/Huber, ul Visitfinland Imagebank; S.124 M.Gonzalez; S.126 l Kai Tirkkonen/ Gettyimages, r M.Galli/laif; S.128-129 Jef Maion; S.134 ol M.Gonzalez, ur M.-O.Schulz; S.135 Jorma Luhta/ Nature Picture Library; S.137 o AKG, m Akademie der Künste Berlin, u Dr. Jochen Reinert; S.138 o The Gerald & Marc Hoberman Collection, ul Obie Oberholzer, ur Jürgen Stumpe/Look

Romantisch, gemütlich: Der Pyhäjärvi-See bei Tampere ist Titel dieses Heftes. Fotografiert von Harald Theissen

MERIAN

Heft 11/2006, November, Erstverkaufstag dieser Ausgabe ist der 19. 10. 2006
MERIAN erscheint monatlich im Jahreszeiten Verlag GmbH, Poßmoorweg 5, 22301 Hamburg
Tel. 040/27 17-26 00, Fax 040/27 17-26 28 **Anschrift der Redaktion:** Poßmoorweg 2, 22301 Hamburg
Postfach 130444, 20139 Hamburg, E-Mail: Redaktion@Merian.de, Tel. 040/27 17-0
Website: www.merian.de **Leserservice:** Postfach 601220, 22212 Hamburg
Tel. 040/87 97 35 40, Fax 040/27 17-20 79 **Syndication:** www.jalag-syndication.de
GourmetPictureGuide: Stefanie Lüken, Tel. 040/271 720 02, Fax 040/27 17 20 89, www.gourmetpictureguide.de

Herausgeber: Manfred Bissinger
Chefredakteur: Andreas Hallaschka
Art Directorin: Sabine Lehmann **Chefs vom Dienst:** Tibor M. Ridegh, Klaus Kube (freie Mitarbeit)
Redakteure: Roland Benn (freie Mitarbeit), Anja Haegele (freie Mitarbeit), Thorsten Kolle (freie Mitarbeit), Kathrin Sander, Charlotte von Saurma **Schlussredaktion:** Tibor M. Ridegh, Jasmin Wolf
Layout: Cornelia Böhling, Ingrid Koltermann, Dorothee Schweizer (stellv. Art Directorin)
Bildredaktion: Hanni Rapp, Eva M. Ohms, Lars Lindemann (freie Mitarbeit), Petra Mellmann (freie Mitarbeit)
Redakteur dieses Heftes: Tibor M. Ridegh **Bildredakteurin dieses Heftes:** Petra Mellmann
Kartographie: Peter Münch **Dokumentation:** Jasmin Wolf, Sebastian Schulin (freie Mitarbeit), Andrea Wolf (freie Mitarbeit)
Mitarbeit: Helmut Golinger, Jan Biener, Susanne Strätz **Herstellung:** Karin Harder
Redaktionsassistenz: Sabine Birnbach, Katrin Eggers
Geschäftsführung Premium Magazine: Peter Rensmann **Verlagsleitung Premium Magazine:** Oliver Voß
Group Head Anzeigen Premium Magazine: Roberto Sprengel **Anzeigenleitung:** Christel Janßen
Anzeigenstruktur: Patricia Hoffnauer **Marketing:** Kenny Machaczek, Ulrich Rieger, Sonja Wünkhaus
Vertriebsleitung: Jörg-Michael Westerkamp (Zeitschriftenhandel), Frank F. Häger (Buchhandel)
Verantwortlich für den redaktionellen Inhalt: Andreas Hallaschka
Verantwortlich für Anzeigen: Roberto Sprengel

Verlagsbüros Inland:
Hamburg: Tel. 040/27 17-25 95, Fax -25 20, E-Mail: vb-hamburg@jalag.de
Berlin: Tel. 030/80 96 23-60, Fax -70, E-Mail: vb-berlin@jalag.de
Hannover: Tel. 0511/85 61 42-0, Fax -19, E-Mail: vb-hannover@jalag.de
Düsseldorf: Tel. 0211/901 90-0, Fax -19, E-Mail: vb-duesseldorf@jalag.de
Frankfurt: Tel. 069/97 06 11-0, Fax -44, E-Mail: vb-frankfurt@jalag.de
Stuttgart: Tel. 0711/966 66-520, Fax -22, E-Mail: vb-stuttgart@jalag.de
München: Tel. 089/99 73 89-30, Fax -44, E-Mail: vb-muenchen@jalag.de

Repräsentanzen Ausland:
Basel: Intermag AG, Tel. +4161/275 46-09, Fax -10, E-Mail: info@intermag.ch
London: The Powers Turner Group, Tel. +44 20/7630 99 66 Fax 76 30 99 22, E-Mail: cweiss@publicitas.com
Mailand: Media & Service International Srl, Tel. +39 02/48 00 61 93, Fax 48 19 32 74, E-Mail: info@it-mediaservice.com
Paris: International Magazine Company, Tel. +331/53 64 88 91, Fax 45 00 25 81, E-Mail: imc@international.fr
Madrid: Alcála Media International Media Representation, Tel. +34 91/326 91 06, Fax-07, E-Mail: alcalamedia@retemail.es
Wien: Publimedia Internationale Verlagsvertretungen GmbH, Tel. +43 1/21530, Fax 2121602
E-Mail: ppn-vienna@publicitas.com
New York: The Russell Group Ltd., Tel. +12 12/213 11-55, Fax -60, E-Mail: info@russellgroupltd.com

Die Premium Magazin Gruppe im Jahreszeiten Verlag

A&W Architektur & Wohnen   COUNTRY   DER FEINSCHMECKER   WEIN Gourmet   MERIAN

Gültige Anzeigenpreisliste: Nr. 38
Das vorliegende Heft November 2006 ist die 11. Nummer des 59. Jahrgangs. Diese Zeitschrift und die einzelnen Beiträge und Abbildungen sind urheberrechtlich geschützt. Jede Verwertung außerhalb der engen Grenzen des Urheberrechtsgesetzes bedarf der Zustimmung des Verlages. Keine Haftung für unverlangt eingesandte Manuskripte und Fotos. Preis im Abonnement im Inland monatlich 6,37 € inklusive Zustellung frei Haus. Der Bezugspreis enthält 7 % Mehrwertsteuer. Auslandspreise auf Nachfrage. Postgirokonto Hamburg 132 58 42 01 (BLZ 200 100 20)
Commerzbank AG, Hamburg, Konto-Nr. 611657800 (BLZ 200 400 00)
Führen in Lesemappen nur mit Genehmigung des Verlages. Printed in Germany

Weitere Titel im Jahreszeiten Verlag: Für Sie, petra, vital, PRINZ, A&W Architektur & Wohnen, COUNTRY, DER FEINSCHMECKER, WEINGourmet, schöner reisen, ZUHAUSE WOHNEN, selber machen
Litho: Alphabeta Druckformdienst GmbH, Hamburg. Druck und Verarbeitung: heckel GmbH, Nürnberg,
ISBN: 978-3-8342-0611-4, ISSN 0026-0029 MERIAN (USPS No. 011-458) is published monthly.
The subscription price for the USA is $ 110 per annum. Klaus O.P.: German Language Publications, Inc., 153 South Dean Street, Englewood NJ 07631. Periodicals postage is paid at Englewood NJ 07631, and at additional mailing offices. Postmaster: send address changes to:
MERIAN, German Language Publications, Inc. 153 South Dean Street, Englewood NJ 07631.

JAHRESZEITEN VERLAG

Ein Unternehmen der
GANSKE VERLAGSGRUPPE

TEXTE **Heiner Labonde, Jan Biener** REDAKTIONSSCHLUSS **August 2006**

TOP TIPPS Das sollten Sie auf keinen Fall versäumen!

- **Dom und Senatsplatz in Helsinki** Auf den Domtreppen sitzen und den Blick über das belebte, klassizistische Ensemble der „guten Stube" Helsinkis genießen.
- **Markthalle am Südhafen der Hauptstadt** Fisch geräuchert oder mariniert und Wild an den altmodischen Ständen probieren.
- **Felsenkirche in Helsinki** In dem archaischen wie futuristischen Saalbau einem Klavierkonzert lauschen.
- **Lappland** Eine Tour mit dem Husky-Schlitten durch verschneite Weiten und über zugefrorene Seen unternehmen.
- **Savonlinna** Im Burghof der mächtigen Inselfestung Olavinlinna im Juli eine Aufführung mit Spitzensängern bei den Internationalen Opernfestspielen erleben.
- **Punkaharju** In dieser finnischen Bilderbuchlandschaft in die beleuchteten Höhlen des Kunstzentrums Retretti abtauchen.
- **Karelien** Im Koli-Nationalpark den mythischen Berg Koli besteigen und über die riesige Seenplatte des Pielinen blicken.
- **Rovaniemi** Dem Weihnachtsmann im Werkstattdorf Joulupukin Pajakylä über die Schulter schauen – selbst im Sommer.

Foto: Tobias Gerber

In der Schärenwelt der Ålandinseln findet man immer irgendwo einen Boots- und Badesteg

Viele praktische und anregende Tipps für den Besuch in Helsinki: MERIAN live! Finnland, 7,95 Euro, Travel House Media

In vier bis fünf Stunden lassen sich die wichtigsten Sehenswürdigkeiten im Zentrum entdecken

MERIAN | STADTRUNDGANG

Markt, Musik und Meer

Die Erkundung Helsinkis beginnen Sie im Stadtviertel Töölö. Der Rundbau der in einen Granitbuckel gesprengten **Felsenkirche** ❶ ist bewegend, Licht fällt durch eine gewaltige Kuppel in den schlichten Sakralraum. Wahrscheinlich werden Sie erleben, dass auf einem Konzertflügel klassische Musik gespielt wird. An der nahen Mannerheimintie ist das etwas düstere nationalromantische **Nationalmuseum** ❷ von weitem durch seinen Turm erkennbar. Gegenüber setzt die schneeweiße marmorne **Finlandia-Halle** ❸ (kann besichtigt werden) von Alvar Aalto einen modernen Gegenakzent. Sie folgen der „Mannerheim" an der gewaltigen Fassade des **Parlaments** ❹ vorbei stadteinwärts und sehen gleich links den futuristischen Bau des **Kiasma** ❺: Dieses Begegnungszentrum der modernen Kunst sollten Sie auch von innen erleben. Der **Hauptbahnhof** ❻ im nationalromantischen Stil unterbricht nur kurz die Museumsmeile, das **Ateneum** ❼, die Nationalgalerie mit hauptsächlich finnischen Gemälden seit dem Rokoko bis in die späten Fünfziger des 20. Jahrhunderts, befindet sich vis-à-vis. Die Keskuskatu ist die kurze Verbindung zur Aleksanterinkatu, in die Sie links einbiegen. Die lebhafte Geschäftsstraße führt zum **Senatsplatz** ❽, dem Stolz Helsinkis. Der Schinkel-Freund Carl Ludwig Engel schuf hier ein eindrucksvolles neoklassizistisches Ensemble mit **Universität** (Westseite, prächtige Bibliothek), **Senatsgebäude** (Ostseite, der heutige Regierungssitz) und der erhöht auf einem Felsen stehenden protestantischen **Domkirche**, die Sie über eine gewaltige Treppe erreichen. Das nüchterne Kircheninnere wird durch Statuen von Luther, Melanchthon und Agricola aufgelockert. Sie verlassen den Senatsplatz Richtung Süden und sind sehr rasch am **Südhafen** ❾ mit seinem bunten, einladendem **Markt**. Delikatessenfreunde sollten nicht den Besuch der alten **Markthalle** ❿ versäumen, wo es die leckersten nordischen Spezialitäten gibt. Wenn Sie umkehren, haben Sie einen beeindruckenden Blick auf Markt, **Rathaus** ⓫, **Präsidentenpalais** ⓬ und die nahe orthodoxe **Uspenski-Kathedrale** ⓭. Machen Sie den kurzen Abstecher und bewundern Sie die prachtvolle Ikonostasen-Bilderwand in der Kirche. Wenn Sie den Weg nach Osten auf die Halbinsel Katajanokka fortsetzen, stehen Sie (im Sommer!) plötzlich vor der finnischen **Eisbrecherflotte** ⓮. Auf dem Rückweg gehen Sie geradewegs auf die hübsche **Havis Amanda** ⓯ zu, eine von den Helsinkiern sehr geliebte Bronzefigur am Eingang zum **Esplanadenpark** ⓰. Die Grünanlage trennt die Südliche von der Nördlichen Esplanade mit ihren schicken Geschäften und lädt zu einer längeren Rast ein. Hier können Sie im Sommer Rock und Jazz genießen, oft sind zwei große Podien aufgebaut, hier zeigen sich die wortkargen Finnen mit einem geradezu südländischen Temperament von ihrer anderen Seite. Gönnen Sie sich eine Rast im gediegenen Restaurant-Café Kappeli. Verlassen Sie den Park danach am oberen Ende rechts, sind Sie sofort bei **Stockmann** ⓱. Das ist eines der größten Warenhäuser des Nordens. Hier gehen alle hin – die Touristen allemal.

13 goldene Kuppeln: die russisch-orthodoxe Uspenski-Kathedrale

Kappeli, die traditionsreiche Café-Brasserie aus dem 19. Jahrhundert am Esplanadenpark

BAUKUNST

Helsinki präsentiert eine Menge schöner Fassaden wie in den Stadtteilen **Eira** (c 5/6) und **Katajanokka** (e/f 4) mit vielen Jugendstilhäusern. In der Innenstadt, nahe beieinander gelegen, befinden sich Bauten berühmter Architekten. Der **Bahnhof** (c 3) im nationalromantischen Stil mit den mächtigen Lampenträgerfiguren wurde 1919 von Eliel Saarinen gebaut. Das **Parlament** (b 3) von J. S. Sirén (1931) an der Mannerheimintie ist ein kompakter Monumentalbau, den eine breite Säulenhalle auflockert. Leichtigkeit strahlt dagegen der **Lasipalatsi** (b/c 3) ebenfalls an der Mannerheimintie aus; der Glaspalast aus den Dreißigern ist ein Kleinod des Funktionalismus. Mit der **Finlandia-Halle** (b 2/3), dem weißmarmornen Kongresskomplex an der Töölö-Bucht hat sich Alvar Aalto 1975 ein spätes Denkmal gesetzt. Der **Senatsplatz** (d 3/4) mit Dom, Regierungs- und Universitätsgebäuden ist ein neoklassizistisches Gesamtkunstwerk des deutschstämmigen Architekten Carl Ludwig Engel.

KIRCHEN

(d 3) **Dom**
In ihrem strahlenden Weiß ist die Hauptkirche (Tuomiokirkko, 1852) bei der Anreise mit dem Schiff schon von weitem zu sehen. Die außen mächtige Kirche wirkt innen eher lutherisch-bescheiden. Die große Freitreppe, die hinauf führt, wird im Sommer gern von Sonnenhungrigen belagert. Dom und Senatsplatz sind Kulisse offizieller Feierlichkeiten wie auch lebendiger Openair-Events.

(e 4) **Uspenski-Kathedrale**
Der von Zwiebeltürmen gekrönte rote Backsteinbau (1868) ist das größte orthodoxe Gotteshaus außerhalb Russlands mit einer prachtvoll vergoldeten Ikonostase.

(a/b 3) **Felsenkirche**
Im Stadtteil Töölö wurde 1969 das Rund der modernen Kirche (Temppeliaukiokirkko) in den Fels gesprengt. Eine zwölf Meter hohe Kuppel überspannt die naturbelassenen Wände des Sakralraums.

MUSEEN

(c 3) **Ateneum**
Die Nationalgalerie bietet einen umfassenden Überblick über die Entwicklung der finnischen Kunst, zeigt als Schwerpunkt Hauptwerke aus dem „Goldenen Zeitalter" um 1900, u.a. von Gallén-Kallela, Edelfelt und Halonen.
Kaivokatu 2, www.ateneum.fi
Di, Fr 9-18, Mi, Do 9-20
Sa, So 11-17 Uhr

(c 3) **Kiasma**
Die moderne und zeitgenössische Kunst ab 1960 hat hier ein repräsentatives Zuhause. Der geschwungene, hell und luftig wirkende Bau des US-Architekten Steven Holl entstand 1998 und ist für sich schon ein Kunstwerk – und ein Kulturzentrum, das sich experimentellen Strömungen öffnet.
Mannerheiminaukio 2
www.kiasma.fi
Di 9-17, Mi-So 10-20.30 Uhr

Die Lampenträger an der Hauptfassade des Bahnhofs von Eliel Saarinen (1919) sind auch Helden in Werbespots

(b 3) **Kansallismuseo**
Wer sich für Völkerkunde und die (Vor-)Geschichte der Finnen interessiert, ist richtig in dem nationalromantischen Bau des Nationalmuseums (1916), der wie ein Granitschloss wirkt.
Mannerheimintie 34, www.nba.fi
Di, Mi 11-20, Do-So 11-18 Uhr

(a 1/2) **Freilichtmuseum Seurasaari**
Gehöfte, Mühlen, Arbeiter- und Fischerhütten sind aus ganz Finnland auf der naturschönen Insel zusammengetragen worden. Im Sommer werden alte Handwerkskünste, Tänze und Bräuche demonstriert. Ein großer Anziehungspunkt ist die Mittsommerfeier auf Seurasaari.
www.nba.fi *Juni-Aug. tägl. 11-17, 15.-31.5. und 1.-15.9 Mo-Fr 9-15, Sa/So 11-17 Uhr; Bus 24*

FREIZEIT IN DER STADT

Suomenlinna (f 5), die Insel vor dem Südhafen, zählt mit ihren alten Festungsanlagen zum Unesco-Weltkulturerbe. Museen, Galerien, Restaurants und Spazierwege machen den Reiz der Insel aus.
Kaivopuisto (d 6), der ehemalige Kurpark, zählt zu den grünen Oasen ebenso wie der **Zentralpark** (b 1), der bei Sport Treibenden beliebt ist.
Korkeasaari (f 3), die grüne Zoo-Insel, ist per Boot oder Fähre zu erreichen.
Linnanmäki (c 1) ist das kleine, traditionsreiche Tivoli im Herzen der Stadt.
Nokias alte Kabelfabrik (a 4/5) im Stadtteil Ruoholahti lockt Kulturfreunde zu traditioneller und experimenteller Kunst.

MERIAN | TIPP

Helsinki Card: Günstig die Stadt entdecken

Freie Fahrt im öffentlichen Nahverkehr, freier Eintritt zu Dutzenden von Museen und Attraktionen, weitere Rabatte und Vergünstigungen – die **Helsinki Card** ist ein hervorragender Türöffner, um die Stadt und ihre Angebote und Sehenswürdigkeiten kennen zu lernen. Die Helsinki Card gibt es unter anderem im Tourismusbüro und in vielen Hotels in der Hauptstadt. Bei der Geltungsdauer haben Sie die freie Auswahl: 24, 48 oder 72 Stunden. Danach richtet sich natürlich auch der Preis: 33, 43 oder 53 Euro (Kinder 11, 14 oder 17 Euro). Mit der Karte in der Tasche können Sie gleich zu einem Sightseeing auf eigene Faust starten. Am besten nehmen Sie dafür die Straßenbahnlinie 3T. Sie führt auf ihrem Rundkurs an vielen Sehenswürdigkeiten in der finnischen Hauptstadt vorbei.

Die kleinen Lettern (d 3) beziehen sich auf den MERIAN-Helsinki-Stadtplan auf S. 130

Venezianischer Stil im Südwesten Finnlands: das 1895 erbaute Rathaus von Pori

MERIAN | TIPP

Hvitträsk

Die 1902-1904 errichteten Atelier- und Wohnhäuser der berühmten drei finnischen Architekten und Designer Eliel Saarinen, Armas Lindgren und Herman Gesellius in Kirkkonummi-Luoma bei Helsinki sind ein Höhepunkt für Freunde des karelisch-nationalromantischen Baustils. Vor allem das Haus von Saarinen ist noch im ursprünglichen Zustand zu bewundern, durchkomponiert bis ins kleinste Interieur. Seinerzeit war Hvitträsk Treffpunkt bedeutender Persönlichkeiten aus Kunst und Kultur, darunter auch Gustav Mahler und Maxim Gorki. Eine Führung lohnt!

(D 12) Hvitträskintie 166
www.hvittrask.fi *Mai-Okt. tägl. 11-18, sonst Di-So 11-17 Uhr*

Nationalromantisch: Schwarzes Haus von Gesellius (oben) und Salon im Haus von Saarinen

OSTSEEKÜSTE

(C 13) **Hanko (Hangö)**
Finnlands Südspitze bietet hübsche Bäderarchitektur, den größten Gästehafen des Landes und über 30 km Sandstrände. Ausflugsboote fahren zu den Hauensuoli-Felsen, auf denen Seefahrer des 15.-19. Jhs. ihre eingeritzten „Visitenkarten", zumeist Namen und Wappen, hinterlassen haben, und zur Leuchtturminsel Bengtskär. Hier wartet das größte Leuchtfeuer der nordischen Länder auf Besucher und sogar Übernachtungsgäste. Im Sommer tägl. Fahrten vom Osthafen.
www.hanko.fi.

(B 12) **Naantali (Nådendal)**
Die Küstenstadt bietet ein buntes Bild mit verzierten Holzhäusern in der Altstadt, Restaurantterrassen und Häfen. Kultaranta, die Sommerresidenz des Staatsoberhaupts liegt auf einer Insel vor der Stadt. Naantali ist im Sommer Hauptstadt für Kinder, hier ist die Mumin-Märchenwelt von Tove Jansson zu finden.
www.naantalinmatkailu.fi.
Muuminmaailma, Insel Kailo (Brücke),www.muumimaailma.fi
Mitte Juni-Mitte Aug. tägl. 10-18 Uhr

(D 7) **Oulu (Uleåborg)**
Die einst für den Teerexport bekannte Stadt ist heute Wissenschafts- und Hightech-Standort. Dazu passt das „Science Centre" Tietomaa, das nicht nur Kindern Lust auf Experimente macht und naturwissenschaftliche Fragen spielerisch beantwortet. Der Geschichte kann man an den Ruinen der Festung Linnansaari und im Freilichtmuseum Turkansaari in Madekoski nachgehen, das über Teerproduktion informiert.
www.oulutourism.fi
Tiedekeskus Tietomaa
Nahkatehtaankatu 6
www.tietomaa.fi *tägl. 10-18, im Juli 10-20 Uhr zeitw. Mo geschl.*
Turkansaaren Ulkomuseo
Turkansaarentie 165
Ende Mai-Mitte Aug. tägl. 10-17, 1.6.-15.8. bis 19 Uhr

(B 11) **Pori (Björneborg)**
Jazzfreunden ist die Stadt am Kokemäki-Fluss ein Begriff – das Festival im Juli wird weit über Finnland hinaus geschätzt. Zu Ausflügen und Erholung lockt die Halbinsel nordwestlich der Stadt: Die flachen ausgedehnten Strände und Dünen von Yyteri gehören zu den schönsten, und nicht weit davon bietet das Fischerdorf Reposaari Maritimes auch kulinarischer Art. Nach Süden lohnt der Weg ins 50 km entfernte Rauma. Die Hauptstadt des Spitzenklöppelns wartet mit filigranen Holzhausfassaden in der Altstadt auf: Unesco-Weltkulturerbe.
www.pori.fi; www.rauma.fi

(D 12) **Porvoo (Borgå)**
Eine Reise in die Vergangenheit ist ein Spaziergang durch Alt-Porvoo mit dem mächtigen gotischen Dom, den roten Lagerhäusern am Flussufer, verwinkelten Gassen und Hinterhöfen mit kleinen Ateliers und Cafés. Die zweitälteste Stadt des Landes (gegründet 1346) war Heimat bedeutender finnischer Dichter und Denker, u.a. des Nationaldichters Johan Ludvig Runeberg. In der Umgebung zeugen Gutshäuser und Herrenhöfe von der Bedeutung der Region in schwedischer Zeit.
www.porvoo.fi

(B 12) **Turku (Åbo)**
Als Sinnbild der schwedisch geprägten einstigen Hauptstadt Finnlands, heute lebendige Universitäts- und Künstlermetropole, gilt das Doppelmuseum Aboa Vetus & Ars Nova. Es ist eine gelungene Verbindung von Historie (archäologische Funde) und Moderne (zeitgenössische Kunst). Wahrzeichen Turkus ist die Burg aus dem 13./16. Jh. am Hafen. Der Dom St. Marien (geweiht 1300), eine backsteingotische Basilika, ist als Hauptkirche der lutherischen Kirche in Finnland Bischofssitz und Nationalheiligtum. Die einzige Hansestadt Finnlands präsentiert Seefahrtgeschichte im Forum Marinum und auf Museumsschiffen, u. a. Großsegler „Suomen Joutsen". Am Aura-Fluss sind Restaurantschiffe vertäut.
www.turkutouring.fi
Aboa Vetus & Ars Nova
Itäinen Rantakatu 4-6
www.aboavetusarsnova.fi
April–Mitte Sept. tägl., sonst Di-So 11-19 Uhr
Burg Turun linna, Linnankatu 80
Mitte April-Mitte Sept. tägl. 10-18, sonst Di-So 10-17 Uhr (Führungen).
Forum Marinum, Linnankatu 72
www.forum-marinum.fi
Mai–Sept. tägl. 11-19 Uhr sonst Di-So 10-18 Uhr, Museumsschiffe Juni-Aug. tägl. 11-19 Uhr

Die großen Lettern (z. B. D 12) beziehen sich auf die MERIAN-Karte auf S. 131-133

Alles über die 6500 Schären von MERIAN-Autor Heiner Labonde und Jessika Kuehn-Velten, Edition Elch, 2006, 16,90 Euro

MITTELFINNLAND

(D 10) **Jyväskylä**
Alvar Aalto (s. auch S. 68) hat entscheidend das Stadtbild geprägt: Rund 30 Gebäude, darunter Kulturzentrum, Stadttheater und Universität, zeigen die Entwicklung seiner Fomensprache. Dass der Achitekt ein Allround-Künstler war, beweist das Aalto-Museum mit Möbeln und Einrichtungsgegenständen.
Alvar Aalto Museum
Alvar Aallonkatu 7, www.alvaraalto.fi *Di-So 11-18 Uhr*

(C 11) **Tampere (Tammerfors)**
In schöner Lage im westlichen Seengebiet hat Tampere die Entwicklung vom „Manchester Finnlands“ zur Dienstleistungs- und Kulturstadt geschafft. Auf dem Gelände der alten Baumwollfabrik Finlayson entstanden ein Medienzentrum, Museen, Galerien, Kino, Theater, Restaurants und Cafés. Die schachbrettartig angelegte Innenstadt wurde von Carl Ludwig Engel entworfen. Es gibt einen Dom im Stil der Nationalromantik und eine orthodoxe Kirche. Tipp: Blick vom Aussichtsturm Näsinneula in Särkänniemi und das Naherholungsgebiet Pyynikki mit dem romantischen Holzhäuserviertel Pispala.
www.tampere.fi/tourism

SAIMAA-GEBIET UND KARELIEN

(F 10) **Joensuu**
Tor zu Nordkarelien. Sehenswert sind das Carelicum mit Ausstellungen zur karelischen Geschichte und Kultur und das Kunsthandwerkzentrum in einem schönen alten Holzhaus. Ein lohnenswertes Ausflugsziel ist der Pielinen-See. Wichtige Stationen: am Westufer der Koli-Höhenzug mit fantastischer Aussicht, das Steinzentrum sowie Specksteinabbau in Juuka, im Norden Nurmes mit dem Ferienzentrum Bomba, am Ostufer in Vuonislahti bei Lieksa das Wohnatelier der Holzbildhauerin Eva Ryynänen.
www.kareliaexpert.com.
Carelicum – Pohjois karjalan museo, Koskikatu 5
www.pohjoiskarjalanmuseo.fi
Mo-Fr 10-17, Sa/So 11-16 Uhr

(G 10) **Ilomantsi** Die Kleinstadt nördlich von Jonsuu ist Zentrum der orthodoxen Christen (bedeutende Holzkirche) und der karelischen Traditionen. Im Haus der Runensänger gibt es eine Sammlung zum Nationalepos Kalevala.
Parppeinvaara (RunensängerHaus)
1. Juni-15. Aug. tägl. 10-18 Uhr

(E 9/10) **Kuopio**
Der Aufstieg zum Puijo-Aussichtsturm (75 m) wird belohnt mit einem herrlichen Panoramablick auf Wald und Wasser. Durch das Labyrinth des Saimaa-Sees halten nostalgische Dampfer Kurs zwischen Kuopio und Savonlinna in jeweils einer Tagesfahrt. Kirchenschätze u.a. aus karelischen Klöstern präsentiert das orthodoxe Kirchenmuseum, die Vergangenheit wird lebendig im Kortteli-Museumsviertel nahe dem Markt.Februar/März: Finnischer Eismarathon (s. S. 100).
www.kuopioinfo.fi
Suomen ortodoksinen kirkkomuseo (Kirchenmuseum)
Karjalankatu 1
Mai Aug. Di-So 10-16, sonst Mo-Fr 12-15, Sa/So 12-17 Uhr
Kuopion korttelimuseo
Kirkkokatu 22
15.Mai-15.Sept. tägl. 10-17 Mi bis 19, sonst Di-Fr 10-15 Sa/So 10-16 Uhr

(F 11/12) **Lappeenranta**
Die Linnoitus-Festung mit ihrem Gemäuer, romantischen Winkeln, Museen, Galerien, dem kleinen Gotteshaus und Cafés lädt zu eingehender Erkundung ein. In der Hafenstadt am südlichen Saimaa-See beginnt der 43 km lange

MERIAN | BEST OF

Saimaa: See der ungezählten Seen

Der Saimaa ist ein finnischer Mythos und fast Synonym für das Land: Nahezu alles, was man sich unter finnischer Landschaft vorstellt, vereint das viertgrößte Seensystem Europas im süd-östlichen Finnland. Weder über die Größe (1700 bis 7000 km²) noch die gesamte Uferlänge (14 000 bis 50 000 km) besteht Einigkeit, immerhin decken sich einigermaßen die Angaben von etwa 120 Seen und ca. 33 000 Inseln. Über den Vuoksi-Fluss wird der Saimaa in den russischen Ladogasee entwässert, der Saimaa-Kanal verbindet ihn mit der Ostsee. Das weltweit einzigartige Wasserlabyrinth ist ein touristisches Paradies in unberührter Natur, die auch von vielen tausend Ferienhütten nicht beeinträchtigt wird. Zentren sind Savonlinna, Punkaharju, Puumala, Imatra und Lappeenranta, Hochburgen des Wassersports und Anleger der Saimaa-Dampfer. Die Gewässer sind sauber und fischreich – sehr geschätzt wird der Saimaa-Lachs. Ein Abkömmling der Ostsee-Ringelrobbe ist die seltene Saimaa-Ringelrobbe, die sich erhielt, als der See durch die nacheiszeitliche Landhebung vor etwa 12 000 Jahren die Verbindung zur Ostsee verlor.

Die rund 250 Saimaa-Robben sind streng geschützt

Saimaa-Kanal, der in die Ostsee mündet und zum Teil über russisches Territorium führt. Schiffsausflüge am Kanal entlang oder in die einstige finnisch-karelische Hauptstadt Wyborg (Viipuri) sind (allerdings nur mit Visum und Vorausbuchung) möglich.
Linnoitus-Museen
Juni-Mitte Aug. Mo-Fr 10-18, Sa, So 11-17, sonst Di-So 11-17 Uhr
www.lappeenranta fi/matkailu

(F 11) Imatra
Die nördlich von Lappeenranta gelegene Stadt ist berühmt wegen ihrer Wasserfälle am Vuoksi-Fluss. Inzwischen von Damm und Stauwerk gebändigt, wird den Fluten im Sommer jeweils Mi-So um 19 Uhr freien Lauf gelassen, ein gewaltiges Schauspiel.
www.travel.imatra.fi

(E 11) Mikkeli
Die Provinzhauptstadt Ostfinnlands ist verbunden mit der Geschichte des legendären Marschalls Carl Gustaf Mannerheim, war Hauptquartier der finnischen Armee im sog. Winter- und Fortsetzungskrieg zwischen 1939 und 1944. Einen Eindruck dieser Zeit geben das Hauptquartiermuseum (Päämajamuseo) und das Nachrichtenzentrum Lokki. Ganz und gar friedlich ist es dagegen im alten Pfarrhof Kenkävero, Pursilankatu 6, mit Gärten, Kunsthandwerk und Restaurant.
www.mikkeli.fi.
Päämajamuseo
Päämajankuja 1-3
und Viestikeskus Lokki
Mai-Aug. tägl. 10-17, sonst nur Hauptquartiermuseum Fr-So 10-17 Uhr

(F 11) Punkaharju
Eine Seenlandschaft wie aus dem Bilderbuch mit vielen Landzungen, Brücken, Stränden und Wassersportmöglichkeiten. In den Höhlen der Punkaharju-Endmoräne wurde das Kunstzentrum Retretti mit einer Galerie eingerichtet. Effektvoll sind Beleuchtung und Musikbeschallung dieser Unterwelt.

Retretti, www.retretti.fi
Juni-Aug. tgl. 10-17, Juli -18 Uhr

(F 11) Savonlinna
Die kleine Stadt im Herzen des Saimaa-Seengebiets erblüht jeden Sommer zur Zeit der international renommierten Opernfestspiele auf der Burg Olavinlinna, der besterhaltenen mittelalterlichen Burganlage der nordischen Länder. Konzerte finden auch im Umland statt: in der größten Holzkirche der Welt in Kerimäki.
www.savonlinnatravel.com
Olavinlinna, Tel. (015) 53 11 64
www.olavinlinna.fi *Juni-Mitte Aug. tägl. 10-17 Uhr, sonst 10-15 Uhr, Führungen*

LAPPLAND

(E 3) Inari
Am riesigen nordfinnischen Inari-See (1400 km²) liegt die Flächengemeinde Inari mit Ivalo als größtem Ort (Flughafen). Neben dem Wintersportzentrum Saariselkä südlich von Ivalo ist das Siida-Sámi-Museum zur Kultur der Samen, der Urbevölkerung Lapplands, und zur Natur und Ökologie interessant. Im Sommer ist das dazugehörige Freilichtmuseum geöffnet. Den Samen war der Inari-See heilig – wie eine Kultstätte auf der mit einem Boot zu erreichenden Insel Ukonkivi zeigt.
Info: www.saariselka.fi
Siida Sámi Museum, Inarintie
Tel. (016) 66 52 12
www.samimuseum.fi
Juni-Aug. tägl. 9-20, Okt.-Mai Di-So 10-17 Uhr

(D 6) Kemi
Die nördlichste Stadt Finnlands an der Ostsee mit schönem Hafen ist wenig spektakulär – wäre da nicht LumiLinna, die jeden Winter neu errichtete größte Schneeburg der Welt, in Szene gesetzt mit Licht- und Klangeffekten und Kulturprogramm. Hotel, Restaurant und sogar Sauna gehören zum Komplex. Noch ein Abenteuer: eine winterliche Fahrt mit dem Eisbrecher „Sampo" durch meterdickes Eis, unterwegs ein Stopp zum Eisschwimmen, natürlich im Thermoanzug.
www.kemi.fi
LumiLinna, Tel. (016) 25 95 02
www.snowcastle.net
Feb.-April tägl. 10-20 Uhr
Sampo Tours, Tel. (016) 25 65 48
ca. 4-stündige Fahrten

(D 5) Rovaniemi
Die Hauptstadt Lapplands liegt nahe dem Polarkreis – so wundert es nicht, dass man sich hier einer Polartaufe unterziehen kann. Die größere Attrak-

Vor Savonlinna steigt die trutzige Schweden-Burg Olavinlinna aus dem Saimaa-See

tion aber ist das Weihnachtsmanndorf (s. S. 12). Nicht versäumen sollte man einen Besuch im Arktikum, einem Wissenschaftszentrum und Museum zur arktischen Natur und zum Leben arktischer Völker. Der moderne Bau hat eine spektakuläre Glaskuppel.
www.rovaniemi.fi
Joulupukin pajakylä (Weihnachtsmanndorf)
www.santaclausvillage.info
Jan.-Mai und Sept.-Nov. tägl. 10-17
Juni-Aug. 9-19, Dez. 9-17 Uhr
Arktikum, Pohjoisranta 4
www.arktikum.fi
Jan.-Mai Di-So 10-18, Juni-Aug. tägl. 10-18, Sept.-Nov. Di-So 10-17
Dez. tägl. 10-18 Uhr

(E 4) **Sodankylä**
Weltraumforschung und –technologie bestimmen das Leben in Sodankylä. Touristische Höhepunkte sind die Wintersportzentren Luosto und Tankavaara mit einem Goldwäscherdorf und dem einzigen Goldmuseum Europas. In der Galerie Alariesto erzählen die farbenfrohen naiven Bilder des samischen Künstlers Andreas Alariesto (1900-1989) vom Leben der Samen in früheren Zeiten. Im Juni zieht das nördlichste Filmfestival der Welt Filmfreaks in seinen Bann.
www.sodankyla.fi
www.tankavaara.fi (Goldwäscherdorf)
Juni-Mitte Aug. tägl. 9-18
Mitte Aug.-Sept. 9-17, Okt.-Mai
(nur Museum) Mo-Fr 9-16 Uhr
Galerie Alariesto, Jäämerentie 3
Sommer Mo-Sa 10-17, So 12-18
Winter Mo-Fr 10-17, Sa 10-16
So 12-16 Uhr

ÅLAND

Die schwedischsprachige autonome Provinz Finnlands (finnisch Ahvenanmaa), zwischen Schweden und Finnland gelegen, ist ein kleines Reich von 6500 Inseln und Schären mit eigenständiger Kultur und Lebensart. Die heute 25 000 Åländer haben seit 1921 ein weitgehendes Selbstbestimmungsrecht mit Neutralitätsstatus, eigenem Parlament und eigener Regierung. Bereits 1856, als Finnland noch unter russischer Oberhoheit stand, wurde der Archipel entmilitarisiert. Åland hat eine eigene Flagge, eigene Autokennzeichen und eigene Briefmarken.
(Siehe auch S. 104)

(A 12) **Mariehamn**
Die „Stadt der 1000 Linden" hat 10 000 Einwohner. Hier legen die großen Fähren zwischen Schweden, Finnland und Estland an, es gibt gut ausgestattete Marinas für Sportboote. Sehenswert sind drei Museen mit ausgezeichneten Präsentationen und zum Teil wechselnden Ausstellungen.
Museumsschiff „Pommern"
Mariehamn, Westhafen
www.pommern.aland.fi
Mai, Juni u. Aug. 9-17, Juli 9-19
Sept. 10-16 Uhr
Ålands Museum und Ålands Konstmuseum
Mariehamn, Stadshusparken
www.museum.ax
Juni-Aug. tgl. 11-18, Sept.-Mai
Di u. Do 10-20, Mi u. Fr. 10-16
Sa u. So 12-16 Uhr
Ålands Sjöfartsmuseum
Mariehamn, Hamngatan 2
www.sjofartsmuseum.aland.fi
Mai, Juni u. Aug. tgl. 9-17, Juli tgl. 9-19, Sept. tgl. 10-16, Okt.-Apr. Mo-Fr 10-16, Sa/So 12-16 Uhr
Sjökvarteret (Seeviertel)
Mariehamn, nördlicher Osthafen
www.sjokvarteret.com
Museum und Bootsbau:
Mitte Juni-Mitte Aug. tgl. 10-18
sonst Mo-Fr 9-11 Uhr

Marinierter Lachs und Makrele: am besten in Finnland Fisch!

RESTAURANTS

HELSINKI

siehe Seite 42

OSTSEEKÜSTE

(C 13) Hanko
Makasiini
Entlang der Schärenküste ist *Skärgardssmak* ein Siegel für Qualitätsprodukte – das Makasiini im alten Holzspeicher im Osthafen führt es zu Recht. Tipp: Schärenbuffet mit raffinierten Fischspezialitäten. Blick auf den Gästehafen gratis.
Satamakatu 9
Tel. (019) 248 40 60
www.makasiini.com
Mitte Mai Mi-Sa 18-22 Uhr
Mitte Juni-Mitte Aug.
tägl. 11.30-22.30 Uhr €€

(B 12) Turku (Åbo)
Enkeliravintola
Das Engelrestaurant ist von der Wandbemalung bis zu den Weingläsern auf Himmlisches eingestellt: kitschig und festlich. Viel frische Pfifferlinge kommen auf den Tisch.
Kauppiaskatu 16
Tel. (02) 231 80 88
www.enkeliravintola.fi
Di-Sa 13-23, So 13-19 Uhr €€

Restaurantschiff Cindy
Gute Küche, z.B. gegrillte frische kleine Heringe – und wenn man nur etwas trinken möchte, kann man auf erhöhter Warte in einem der Beiboote sitzen!
Itäinen Rantakatu (Theaterbrücke), Tel. (02) 250 23 00
www.cindy.fi
Mo-Fr 11-23, Sa 12-24
So 13-21 Uhr €€

(D 7) Oulu (Uleåborg)
Suola-Aitta
Speisen in einem alten Salzspeicher am Marktplatz. Frische Leckereien, z.B. gegrillte Flunder und Waldbeeren mit Cidre-Mousse.
Kauppatori 2, Tel. (08) 530 67 57
www.suola-aitta.fi
Mo-So 10-2 Uhr €

MITTELFINNLAND

(D 10) Jyväskylä
Pöllöwaari
Das Gourmetlokal des Hotels Yöpuu wartet mit feiner Speisekarte (Rentier mit Shiitake-Pilzen und Blauschimmelkäse probieren) auf. Kleine Weinschänke im Hof.
Yliopistonkatu 23
Tel. (014) 33 39 00
www.hotelliyopuu.fi
Mo-Fr 11-14/17-23
Sa 13-23 Uhr €€

(C 11) Tampere (Tammerfors)
Wikinger Restaurant Harald
Fackeln, ein grimmiger Bär, Wikingerschiffe sorgen für Retro-Feeling. Es wird aus Tonbechern getrunken, die Speisen kommen am Schwert und auf dem Schild auf den Tisch. Die Steaks sind saftig und auf den Wunschpunkt gebraten.
Hämeenkatu 23
Tel. (03) 213 83 80
www.ravintolaharald.com
Mo-Do 11-24, Fr-Sa 12-1 Uhr
So 13-21 Uhr €

Aino ja Ilmari
Täglich wechselnde Mittagskarte mit preiswerten Gerichten. Abends reicht das Angebot von Pizza bis Wild und Huhn mit Haselnüssen.
Tammelan puistokatu 27
Tel. (03) 253 26 30
www.ainojailmari.net
Mo-Fr 11-22, Sa 12-22
So 12-19 Uhr €€

SAIMAA-GEBIET UND KARELIEN

(E 11) Mikkeli
Tertin Kartano
Die Küche des Gutshofes verspricht kulinarische Erlebnisse nach traditionellen, raffiniert verfeinerten Rezepten. Die Buffets suchen ihresgleichen.
Kuopiontie 68
Tel. (015) 17 60 12
www.tertinkartano.fi €€

(F 10) Joensuu
Teatteriravintola
Theaterrestaurant im nationalromantischen Stadthaus von Eliel Saarinen. Gute Mittagskarte, schöne Außenterrasse.
Rantakatu 20
Tel. (013) 256 69 00
www.jns.fi/teatteriravintola
Mo-Fr 9-24, Sa 11.30-24, im Sommer So 12-20 Uhr €€€

(F 11) Savonlinna
Panimoravintola Huvila
Gemütliches Brauereirestaurant mit Terrasse, Blick auf Hafen und Saimaa. Gute Fischgerichte. Es werden sechs Biersorten gebraut, Kurse für Hobby-Brauer.
Puistokatu 4, Tel. (015) 555 05 55
www.panimoravintolahuvila.fi
Mo-Sa 16-24, So 12-20 Uhr
€€

(F 11/12) Lappeenranta
Café Restaurant Wolkoff
Gehobene Küche in einem alten Holzhaus. Nostalgisch, gemütlich.
Kauppakatu 26
Tel. (05) 415 03 20 *Mo-Fr 11-23, Sa 16.30-23 Uhr* €€

Wanha Satama
Das Sommerrestaurant „Alter Hafen" befindet sich in einem renovierten Speichergebäude im Gästehafen. Spezialität sind Muikku, kleine Maränen, die es auch als Kalakukko im Brotteig gebacken oder frisch gegrillt zum Dippen gibt.
Gästehafen, Tel. (017) 19 73 04
www.wanhasatama.net
Mo-Do/Fr 16-21/4
Sa/So 12-4/18 Uhr €

LAPPLAND

(E 5) Kemijärvi
Mestarin Kievari
Rentier-Carpaccio und Pilzsuppe. Nach Rezepten und mit frischen Zutaten des Nordens.
Kirkkokatu 9
Tel. (016) 81 35 77
www.mestarinkievari.fi €€

(D 4) Kittilä
Valkea Vaadin
Im „Weißen Rentier" im Skizentrum Levi (15 km von Kittilä) stehen u. a. Elch, Schneehuhn und arktische Beerenspezialitäten auf der Speisekarte.
Rakkavaarantie
Tel. (016) 651 01 00
www.hulluporo.fi €€

ÅLAND

(A 12) Kastelholm
Kastelholms Golfrestaurang
Hervorragende internationale Küche, Fisch und Fleisch à la carte, aber auch solide Hausmannskost. Große Kaffeetafel, auch draußen.
Beim Golfplatz
Tel. (018) 43828
Mai-Sept. tgl. 9-21 Uhr

Preiskategorien

Alle Adressen im Info-Magazin sind MERIAN-Empfehlungen. Preiskategorien Restaurants: Der Preis für ein Hauptgericht liegt bei
€ unter 15 €, €€ bis 22 €
€€€ über 22 €

Ob Fisch, Wild, Pilze oder schlicht Kartoffeln – „Finnlands Natur deckt den Tisch". So heißt auch das Kochbuch aus dem Crea Video Oy Verlag, Helsinki. Preis: 42,60 €

A 12) Mariehamn
Indigo
Stilvoll in einem alten Lagerhaus mit Backsteinwänden. Feine Schärenküche, Bar und Sommerterrasse.
Nygatan 1, Tel. (018) 165 50
www.indigo.aland.com €€

CAFÉS UND SZENE

OSTSEEKÜSTE

(B 12) Turku (Åbo)
Mansikkapaikka
„Erdbeerplatz" hat die nette Wirtin diesen Ort zum Sündigen in der Nähe des Doms benannt: Erdbeer-Sahne-Torte und Pecannusskuchen mit Erdbeeren und Vanilleeis.
Piispankatu 11
Tel. (02) 232 40 71
Mo-Fr 11-18, So 12-17 Uhr

Koulu
Im Brauereirestaurant Koulu („Schule") hängen Landkarten an den Wänden der alten Schule. Jedes Klassenzimmer hat ein anderes Thema: Pub, Weinstube, Bierverkauf und mehr.
Eerikinkatu 18, Tel. (02) 274 57 57
www.panimoravintolakoulu.fi
So-Do 11-2, Fr,Sa 11-3 Uhr

Vaakahuoneen Paviljonki
Beliebte Terrasse am Fluss Aurajoki, im Sommer gibt's fast jeden Abend meist angejazzte Livemusik.
Linnankatu 38
Tel. (02) 515 33 00

MITTELFINNLAND

(C 11) Tampere (Tammerfors)
Wanha Vanilja
Eigenwillig-kuschelig möbliertes Café mit großer Auswahl an Kuchen, Torten, Kaffee und kleinen Speisen wie gefüllten „Traumkartoffeln".
Kuninkaankatu 15
Tel. (03) 214 71 41
www.wanhavanilja.fi
Mo-Fr 10-18, Sa 10-16 Uhr

Paapan Kapakka
Gemütliche Ecken zum Plaudern, aber auch, um Jazz, Blues und Pop live zu lauschen. Im Sommer zieht es alle auf die Terrasse.
Koskikatu 9, Tel. (03) 211 00 37
Mo-Sa 12-2, So 16-24 Uhr

SAIMAA-GEBIET UND KARELIEN

(F 11/12) Lappeenranta
Café Majurska
Café im Stil des 19. Jhs. auf der Festungshalbinsel Linnoitus. Süße Versuchungen ganz frisch.
Kristiinankatu 1
Tel. (05) 453 05 54 *im Sommer tägl. 10-19, sonst 11-17 Uhr*

LAPPLAND

(D 5) Rovaniemi
Café Walentina
Tortenträume werden wahr in dieser beliebten Konditorei mit Café.
Rovakatu 21, Tel. (016) 31 81 02
www.walentina.fi
Mo-Fr 9-17Sa 10-14 Uhr

Das Schneehotel in Kemi wird jedes Jahr neu eröffnet. Die wichtigsten Ausstattungsutensilien: wärmende Felle

MERIAN | EXKLUSIVE DOMIZILE

Etwas anders ruhen

Auf dem Leuchtturm, im Kloster und im Iglu

Finnland ist dafür bekannt, dass sich innovative Köpfe immer wieder Besonderes einfallen lassen und auf einmalige Weise Tradition und Avantgarde verknüpfen. Das gilt natürlich auch für die Hotels.

Im mehr als 100 Jahre alten, größten **Leuchtturm** des Nordens auf der **Bengtskär** (B 13) in der südfinnischen Schärenwelt vor Hanko gibt es sechs Zimmer für Sommergäste. Infos: **www.bengtskar.fi.** Im **Wikingerzentrum Rosala** (B 13) auf der Insel Hiitinen erwartet Sie nicht nur eine stilechte Übernachtung in einer nachgebauten Wikingerhütte, sondern auch eine Ausstellung über die wilde Frühzeit des Nordens und ein Wikinger-Buffet. Infos: **www.rosala-viking-centre.com.** Zur Ruhe in klösterlicher Geborgenheit lädt das **Kloster Uusi Valamo** (F 10) bei Heinävesi ein, ins Hotel oder in eine der beiden einfachen Herbergen. Info: **www.valamo.fi.** Zwischen Februar und Anfang April gehen weiße Träume in Erfüllung: das **Schneehotel** in Kemi (D 6) bietet 20 Zimmer mit angenehmen -5° C sowie Felle und dicke Schlafsäcke. Info: **www.snowcastle.net.** Das Hotel Kakslauttanen in Saariselkä (E 3) bietet neben Blockhütten ein **Igludorf** zum Übernachten an – man kann wählen zwischen Schneeiglus mit dem fantastischen Schein der Eisleuchten und Glasiglus mit Blick auf Sternenhimmel und Nordlicht. Zum Dorf gehören Schneerestaurant, -kapelle und Eisgalerie. Info: **www.kakslauttanen.fi.** Auch **Herrenhäuser** beherbergen Gäste, wie **Wiurilan Kartano** in Halikko (C 12) (**www.wiurila.com**) und **Haikon Kartano** bei Porvoo (D 12) mit exklusiven Wellnessangeboten, Tagungs- und Festsälen (**www.haikko.fi**).

Während der Opernfestspiele in Savonlinna (F 11) können Gäste auf dem **Schiff Koli III** (**www.saimaaferries.fi**) übernachten.

HELSINKI

(d 4) Hotel Kämp
Die erste wahre Luxusherberge der nordischen Länder, Anfang des 20. Jhs. Treffpunkt der Boheme, für Künstler und Intellektuelle, wurde 1999 neueröffnet. Elegante Zimmer und Suiten, Wellness. Spitzenrestaurant, Bar und Weinlokal.
Pohjoisesplanadi 29
Tel. (09) 957 61 11
www.hotelkamp.fi €€€€

(b 4) Radisson Royal Hotel
Angenehm schlichtes, dennoch luxuriöses Interieur im finnischen Stil. Im gläsernen Aufzug hat man einen tollen Blick über die Stadt. Freundlicher Service.
Runeberginkatu 2
Tel. (09) 695 80
www.radissonsas.com €€€

(c 4) Hotel Klaus K.
Helsinkis erstes Designhotel: Auf den Flurteppichen ist der Text des finnischen Nationalepos Kalevala eingewebt, die Bäder duften nach Holz und die Lounge, ganz in Weiß, könnte stylisher nicht sein.
Bulevardi 2
Tel. (020) 770 47 00
www.klauskhotel.com €€€

Preiskategorien

Alle Adressen im Info-Magazin sind MERIAN-Empfehlungen. Preiskategorien Hotels: Der Preis für ein Doppelzimmer liegt bei
€ bis 80 € €€ bis 120 €
€€€ bis 200 €
€€€€ mehr als 200 €

(c 4) Sokos Hotel Torni
Ein Haus mit Tradition, das zum Teil über bezaubernde Jugendstil- und Artdeco-Zimmer verfügt. Vier Saunen, ein gutes Restaurant und ein irischer Pub. Tipp: die Ateljee-Bar im Turm mit bester Aussicht.
Yrjönkatu 26
Tel. (020) 123 46 04
www.sokoshotels.fi €€€

(b 3/4) Helka Hotel
Mit viel Holz und hellen Tönen eingerichtetes Hotel im klassischen und modernen finnischen Design. Sauna, Bar, gute Küche, freundliches Personal.
Pohjoinen Rautatiekatu 23
Tel. (09) 61 35 80
www.helka.fi €€

OSTSEEKÜSTE

(B 12) Turku (Åbo)

Park Hotel
Die 21 Zimmer im Jugendstilhaus mit grüner Umgebung sind elegant, nostalgisch und romantisch ausgestattet.
Rauhankatu 1
Tel. (02) 273 25 55
www.parkhotelturku.fi €€€

Centro Hotel
Das Nichtraucher-Hotel, zentral und ruhig gelegen, ist auf Familien eingestellt. Netter Service.
Yliopistonkatu 12 A
Tel. (02) 469 04 69
www.centrohotel.com €€

(B 12) Naantali (Nådendal)

Naantali Spa Hotel
Exklusive Erholung verspricht das 5-Sterne-Wellnesshotel mit Kur- und Aquatherapie-Abteilung. Die Zimmer liegen im

Hauptgebäude und auf dem durch einen Tunnel zu erreichenden Hotelschiff.
Matkailijantie 2
Tel. (02) 445 50
www.naantalispa.fi €€€

(C 13) Karjaa
Mustion Linna
Residieren in Themenzimmern auf dem Herrenhof „Schwarzes Schloss“ in einer weitläufigen Parklandschaft. Das Haupthaus ist auch Museum. Sehr gutes Restaurant im Park.
Tel. (019) 362 31
www.mustionlinna.fi €€€

(D 7) Oulu (Uleåborg)
Hotel Lasaretti
In einer Grünanlage auf der Flussinsel Lasaretinsaari liegt zentrumsnah das gemütliche Nichtraucherhotel mit Saunas, Schwimmbad und Restaurant.
Kasarmintie 13
Tel. (08) 884 83 00
www.merikoski.fi/lasaretti €€

MITTELFINNLAND

(D 10) Jyväskylä
Hotel Milton
Familiengeführtes Hotel nahe dem Stadtzentrum, Zimmer und Service sind freundlich.
Hannikaisenkatu 29
Tel. (014) 337 79 00
www.hotellimilton.com €€

(C 11) Tampere (Tammerfors)
Hotel Urku
Einstige Orgelfabrik in Kangasala (17 km von Tampere), in der eine einzigartige Herberge geschaffen wurde: moderne Hotelzimmer in sorgfältig restaurierten Räumen, Saunalandschaft und Konferenzräume. Schöner Biergarten.
Kangasalantie 1108
Tel. (03) 31 40 13 00
www.hotelli-urku.fi €€

SAIMAA-GEBIET UND KARELIEN

(F 11) Imatra
Imatran Valtionhotelli
Einst schlief in den schlossähnlichen Jugendstilgemäuern der Adel von St. Petersburg – heute kommen Besucher, die Luxus genießen wollen. Die Wasserfälle sind nah, und zur Schwesterstadt Svetogorsk in Russland sind es nur 6 km.
Torkkelinkatu 2
Tel. (05) 625 20 00
www.rantasipi.fi €€€

(F 9) Koli
Hotel Koli
Die Lage mit Blick über den Pielinen-See ist grandios, der Sonnenaufgang vom Balkon aus ein Erlebnis. Super Restaurant.
Ylä-Kolintie 39
Tel. (013) 688 71 00
www.koli.fi €€€

(F 8) Kuhmo
Hotel Kalevala
Das nach dem Nationalepos benannte rustikale Hotel liegt in der Nähe des Kalevaladorfes in Kuhmo am Seeufer mit Badestrand und naturnahen Freizeitangeboten.
Väinämöinen 9
Tel. (08) 655 41 00
www.hotellikalevala.fi €€

LAPPLAND

(D 5) Rovaniemi
Hotel Santa Claus
Die Gäste dieses zentral gelegenen Hotels müssen auf keine Annehmlichkeiten verzichten. Umsichtiger Service, feine Küche und gut sortierte Bar. Clou: der Nordlicht-Alarm, damit die Gäste das Naturspektakel nicht verpassen.
Korkalonkatu 29
Tel. (016) 32 13 21
www.hotelsantaclaus.fi €€€

(E 3) Inari
Hotel Inarin Kultahovi
Das kleine, privat geführte Hotel liegt idyllisch an Stromschnellen des Juutua-Flusses. Es beherbergt Finnlands nördlichsten Jazzclub.
Saarikoskentie 2
Tel. (016) 67 12 21
www.saariselka.fi/kultahovi €

ÅLAND

(A 12) Mariehamn
Hotel Arkipelag
Das Hotel mit dem Flair der Achtziger liegt günstig am Westhafen und nahe der Fußgängerzone. Mit Restaurant, Bar und Nachtclub ist das Hotel ein gern besuchter Platz. Architektonisch interessant: Über eine schön gestaltete Freifläche bildet es eine stilistische Einheit mit Provinzparlament und Provinzregierung.
Strandgatan 31, Tel. (018) 240 20
www.hotellarkipelag.com
€€€

(A 12) Eckerö
Lugn & Ro
Kleine Gästeherberge im alten Post- und Zollhaus, das 1828 von Klassizismus-Architekt Carl Ludwig Engel entworfen wurde. Die Zimmer sind freundlich ausgestattet und im Parterre gibt's ein nettes Café.
Eckerö Post & Tullhus
Tel. (018) 384 20
www.cafelugnoro.com €

MERIAN | TIPP

Günstig für Touristen

Im Sommer und an Wochenenden sind Hotelzimmerpreise oft drastisch reduziert. Dies gilt vor allem für größere Städte. Da kann ein Tourist leicht bis zu 40 Prozent sparen. Ausnahme: zu Zeiten großer Veranstaltungen. Günstig übernachten kann man mit Hotelschecks. Zu empfehlen: Finncheques. Sie sind gültig von Juni -September und ganzjährig an Wochenenden. Über 130 Hotels im ganzen Land akzeptieren die Gutscheine. Für den Preis von (Jahr 2006) 37 € (Kat. II) bzw. 46 € (Kat. I) erhält der Gast ein Bett im DZ inkl. Frühstück.
www.finncheque.fi

Angeln
Viele Angler geraten ins Schwärmen, wenn sie von ihren finnischen Fischzügen erzählen. Seengebiete, Flüsse und Ostseeküste versprechen reiche Beute: von Hecht bis Zander, von Lachs bis Barsch. Fürs Angeln nur mit Schwimmer und fürs Eislochangeln bedarf es keiner Lizenz. Ansonsten muss die staatliche Fischereiverwaltungsgebühr überwiesen (20 €/Jahr, 6 €/Woche) und eine Angelerlaubnis erworben werden (27 €/Jahr, 6 €/Woche); sie gilt jeweils für eine der fünf Festlandprovinzen und ist bei Tourismusbüros, Campingplätzen, gelegentlich sogar an Automaten erhältlich. Auf den Åland-inseln muss man für viele Gewässer einen separaten Angelschein kaufen.
www.visitfinland.com/fishing
www.goaland.net/de/fiske

Segeln & Bootssport
Die lange Küstenlinie Finnlands, die Schärenregion im Südwesten inklusive Ålandinseln sind ein hervorragendes und in ihrer Art einmaliges Boots- und Segelrevier – Kartenstudium wegen möglicher Untiefen und Achtsamkeit auf Wind- und Wettervorhersagen vorausgesetzt. Viele der kleinen Inseln und Schären lassen sich überhaupt nur per Boot erkunden. Entsprechend sind zahlreiche kleine Naturhäfen aber auch größere gut ausgebaute entlang der Küste und im Seengebiet verteilt. Hanko **(C 13)**, die südlichste Stadt, hat den größten Gästehafen.
www.yachting.fi

Kanu, Kajak, Rafting
Klein und wendig sind Kajak und Kanu, groß die Möglichkeiten, sich auf Seen und Flüssen und in Nationalparks zu tummeln. Auf Wettervorhersagen und Strömungsverhältnisse sollte man allerdings immer achten. Die Region Südsavo wartet mit schönen Ruder- und Paddelstrecken auf, nicht umsonst finden in Savonlinna und Sulkava **(F 11)** auch die alljährlichen Ruderwettbewerbe und Bootsrennen statt, im Herzen des Saimaa-Seengebietes. Familienfreundlich ist Oravareitti, die Eichhörnchenroute, zwischen Juva und Sulkava **(E/F 11)**. Anspruchsvoller schon der Hasenfluss, der Jänisjoki **(G 10)**, eine 85-km-Strecke nahe der russischen Grenze südöstlich von Joensuu. Aber auch der Nationalpark Schärenmeer oder Ålands Küstenlinie sind reizvoll. Besondere Erlebnisse: Wildwasserfahrten an und durch Stromschnellen hindurch, für weniger Geübte besser nur unter kundiger Leitung. Hier empfiehlt sich die Jongunjoki-Strecke zwischen Kuhmo und Lieksa **(F/G 9)** mit den Ruunaa-Stromschnellen.
www.finland.de/paddelrouten

Schwimmen & Badestrände
„Uimaranta" heißt das Zauberwort, das einen öffentlichen Badeplatz verspricht, oft mit Umkleidemöglichkeit, manchmal sogar mit Sprungturm. Die schönsten Sandstrände bieten Hanko und Pori mit den Stränden von Yyteri. Aber auch viele versteckte Buchten laden zum Schwimmen ein. Herrlich ist ein Sonnenbad am Wasser auf den großen glatten Felsen entlang der Südwestküste. Selbst im Winter verzichten die Finnen nicht aufs Freiluftbaden: Eislochschwimmen ist dann angesagt, ob nach der Sauna oder einfach so. Härtet ab und hält gesund – Ungeübte sollten vorsichtig beginnen. Ein beliebter Badeplatz in Helsinki liegt beim Campinggelände Rastila.

Golf
Auch in Finnland wird der Sport mit dem kleinen weißen Ball immer beliebter. Viele der rund 100 Anlagen bieten 18-Loch-Plätze mit angeschlossener Gastronomie und Serviceeinrichtungen, auch 9-Loch-Courses sind zahlreich vertreten. Der größte Pluspunkt der finnischen Anlagen ist ihre meistens ruhige Lage in herrlicher Natur. Die Plätze sind nicht überfüllt und lassen sich deshalb gut spielen. International wird das Golfspiel in Tornio **(D 6)**: Der Platz berührt die schwedische Nachbarstadt Haparanda und geht damit über Grenzen hinweg. Das Mittsommernachts-Golfturnier ist nicht nur hier die Attraktion. Im Winter geht das Spiel mit farbigen Bällen weiter. Eisgolf gibt es in Rovaniemi **(D 5)** auf dem zugefrorenen Kemi-Fluss.
www.golffinland.com

Nationalparks
35 Nationalparks mit einer Gesamtfläche von etwa 8800 km^2, Natur- und Wildmarkgebiete mit Wanderpfaden durch unberührte Wiesen und Wälder überziehen das Land. Zu den Nationalparks wie zu einigen größeren Naturgebieten gibt es Faltblätter, z. T. auch in englisch und deutsch, die Informationen zur Infrastruktur, zu geschützten Arten und zu den Schönheiten der Landschaft geben. Deren Vielfalt reicht vom Schärengarten im Süden bis zu Wiesenlandschaften, ausgedehnten Wäldern und Mooren. Der Naturschutz ist dabei oberstes Gebot, deshalb sind Schutzzonen für Robben oder brütende Vögel auch nicht zugänglich, und auf motorisierte Fortbewegung zu Lande oder Wasser muss vielerorts verzichtet werden. Informationszentren am Rande vieler Nationalparks bereiten in kleinen Ausstellungen auf die Entdeckung der Landschaft vor. Hilfreich sind auch die Informationen auf **www.metsa.fi**, der Website des Amts für Staatswälder (Metsähallitus), das in der Regel die Nationalparks verwaltet.
www.virtual.finland.fi

Wandern
Wandern und Trekking ist besonders in Nordkarelien und in Lappland in den Weiten der Wälder und Hügel angesagt, hier sind auch Mehrtagestouren möglich. Beispiele: der Susitaival (Wolfsroute, 90 km) bei Ilomantsi **(G 10)** oder die 80 km lange Bärenrunde (Karhun kierros, entgegen dem Namen keine Rundtour!) nördlich von Kuusamo **(F 5/6)**. Einige Routen sind mit Unterständen, Zeltplätzen und Wanderhütten ausgestattet. Aber auch kürzere Routen stehen zur Auswahl, viele Gemeinden haben Kultur- oder Naturlehrpfade angelegt, die beim Erlaufen Wissenswertes über die Region vermitteln. Sehr verbreitet ist in Finnland übrigens schon seit Jahren das Nordic Walking. Der Seenreichtum macht Finnland zum Vogelparadies – entsprechend kann sich der Weg zu einem der vielen Vogelbeobachtungs- und Aussichtstürme

Im Lemmenjoki-Nationalpark werden Wanderer in ihrer Ruhe manchmal von einem Rentier gestört

lohnen, wie in Parikkala **(F 11)** oder Mietoinen **(B 12)**. Auf geführten Exkursionen können Wanderer auch Bären, Wölfe oder Vielfraße beobachten.
www.outdoords.fi

Fahrradtouren

Mit seinen moderaten Höhenunterschieden, seiner abwechslungsreichen Landschaft und einem (mit Ausnahme der Hauptstadtregion) eher geringen Verkehrsaufkommen ist Finnland ein Paradies für Radfahrer. In Tourismuszentralen, größeren Hotels oder Camping-/Hüttenanlagen und Häfen können meist Räder für Touren gemietet werden. Besonderheit auf Åland: die Inselrundreise per Rad, mit den derzeit drei autofreien Fahrradfähren. Spezielle Radkarten für Finnland geben Tourenvorschläge, z. B. für die 458 km lange Große Seenroute im Saimaa-Gebiet.
www.finland.com

Skilaufen

Dass Finnland nur ein Land für den Sommerurlaub sei, ist ein nicht haltbares Vorurteil. Vor allem der Osten und Norden sind zwischen Dezember und April weitgehend schneesicher. Zwar sind die Tage doch deutlich kürzer als im Sommer, aber das strahlende Weiß gibt Helligkeit. Skilanglauf ist der Favorit unter den Wintersportarten. Wo sonst Wanderwege zum Laufen einladen, werden dann auf gespurten Loipen die Skier angeschnallt. Ob in Helsinki quer durch den Zentralpark, im Wintersportort Lahti **(D 12)** (bekannt von internationalen Meisterschaften auch im Skispringen) oder nördlich von Kuusamo am Rukatunturi **(F 6)**, am Koli **(F 9)** oder in Vuokatti **(F 8)** bei Sotkamo – Vielfalt heißt die Devise. Auch Abfahrtslauf gibt es – natürliche Hänge bieten am ehesten der Norden und Westen Lapplands mit den höchsten Erhebungen.
www.kuusamo.fi

Schlittensafaris

Ein Wintervergnügen der besonderen Art: mit dem Schlitten über zugefrorene Seen und durch tiefen Forst. In der kalten Jahreszeit ist der Motorschlitten auf dem Lande gängiges Fortbewegungsmittel. Unerfahrene schließen sich am besten einer geführten Tour an. Größer ist das Abenteuer einer Hundeschlitten-Exkursion, wie sie in Lappland (s. S. 86), der Region Jyväskylä oder in Karelien (hier beispielsweise vom Tourismusbüro Karelia Expert) angeboten werden. Gemächlicher geht es beim Tretschlittenfahren oder im Rentierschlitten zu – diese Tiere sind typische Finnlandbewohner und zumeist ausgesprochen freundlich.
www.kareliaexpert.com

MERIAN | TIPPS

Pesis und Mölkky

Die Eishockeybegeisterung der Finnen ist allgemein bekannt. Was aber weiß man im Ausland schon von Pesäpallo und Mölkky?
Pesäpallo (Nestball, die Finnen nennen es liebevoll „Pesis") zeigt Anklänge an Baseball. Das Spielfeld ist rechteckig, der Werfer steht dem Schlagmann im Heim (Nest) gegenüber. Durch den senkrechten Anwurf des Balls gibt es größere Möglichkeit für taktische Schläge und mehr Wettläufe. Die nächste Pesis-Weltmeisterschaft findet 2009 in Helsinki statt.
Mölkky ist ein Wurfspiel, das mit einer Art Kegel und Wurfhölzern in freiem Feld ausgetragen wird. Anders als beim Kegeln gewinnt nicht die Mannschaft mit den meisten Treffern, sondern es muss mit Geschicklichkeit und Genauigkeit eine bestimmte Punktzahl erreicht werden.

INFO STADTPLAN HELSINKI

Sehenswert

- Bahnhof .... c 3
- Dom .... d 3
- Felsenkirche .... b 3
- Finlandia-Halle .... b 2/3
- Freilichtmuseum Seurasaari .... a 1/2
- Hietalahti-Flohmarkt .... b 5
- Kaivopuisto (Brunnenpark) .... d 6
- Kansallismuseo (Nationalmuseum) .... b 3
- Kauppahalli (Markthalle) .... d 4
- Lasipalatsi (Glaspalast) .... b/c 3
- Museum Ateneum .... c 3
- Museum Kiasma .... c 3
- Parlament .... b 3
- Senatsplatz .... c 3/4
- Uspenski-Kathedrale .... e 4

enkmal
n Eila
n Helsinki

CHICHTSDATEN

.Chr. Einwanderer ur-
er Herkunft und Sprache
ieren die seit längerem
sigen indogermanischen
ne und drängen in den
den Jahrhunderten die
che Urbevölkerung von
dwestküste ins Landesin-
nd nach Norden ab.
. Jh. Christianisierung:
sten Kreuzzug mit
ischer Massenmissionie-
lurch die Schweden
Erik IX. (1155), im Osten
doxe Zwangstaufe der
er unter Jaroslaw von
orod (1227). Der Bauer
vird zum Volkshelden,
Bischof Henrik erschlägt.
Nach einem zweiten
zug beginnt Schweden
er planmäßigen Besied-
uch des Binnenlandes.
esetzte Finnland wird zu
schwedischen Herzog-
Hauptstadt: Turku/Åbo).
Im Friedensschluss
löteborg (heute Schlüssel-
legen Schweden und
orod ihre Einflussbereiche
die Grenze verläuft
Karelien.
Beginn der Reformation.
utherschüler Mikael
ola übersetzt Teile des
n Testaments ins
sche und begründet damit
nnische Schriftsprache.
Gründung von Helsinki,
ange ein wenig bedeu-
er Handelsposten bleibt.
Im Großen Nordischen
Krieg büßt Schweden seine Vormachtstellung ein und muss Karelien an Russland abtreten.

1809 Ganz Finnland fällt an das Zarenreich. Zar Alexander I. erklärt Finnland zum autonomen Großfürstentum innerhalb des Russischen Reiches.

1812 Helsinki wird neue Hauptstadt Finnlands.

1835 Elias Lönnrot veröffentlicht eine erste Version des Nationalepos „Kalevala" (die gültige Fassung erscheint 1849).

1863 Sprachreskript: Finnisch wird im Verlauf der nächsten zwanzig Jahre zur zweiten offiziellen Amtssprache neben Schwedisch. Im Zuge weiterer Reformen erhält Finnland eine eigenständige Währung, die Finnmark (markka), und eine eigene Armee.

1881 Beginn der Russifizierung, bereits in der Schwedenzeit verbriefte Sonderrechte werden abgeschafft. Im „Februarmanifest" 1899 beendet die zaristische Regierung jegliche Autonomie und erklärt Russisch zur Amtssprache.

1905 Nach der russischen Revolution muss der Zar die finnischen Autonomierechte wieder zugestehen.

1906 Die Finnen wählen in allgemeiner und gleicher Wahl ein eigenes Parlament (Eduskunta). Auch Frauen haben, zum ersten Mal in Europa, das aktive und passive Wahlrecht.

lurmijärvi: Felsen als Panzersperren aus den Kriegen ab 1939

6. Dezember 1917 Kurz nach der russischen Oktoberrevolution und vor dem Hintergrund von Unruhen im eigenen Land erklärt Finnland seine staatliche Souveränität. Die neue Sowjetmacht erkennt die Unabhängigkeit an.

1917/18 Bis Mai 1918 erschüttert ein heftiger Bürgerkrieg zwischen roten (revolutionären) und weißen (bürgerlichen) Truppen das Land. Mit deutscher Unterstützung behält der weiße Marschall Mannerheim die Oberhand. 20 000 Rote werden von den Siegern hingerichtet oder sterben in Gefangenenlagern.

1918 Für zwei Monate ist Finnland eine Monarchie unter König Friedrich Karl von Hessen-Kassel.

1919 Das Parlament beschließt eine im wesentlichen noch heute gültige Verfassung.

1921 Die Ålandinseln erhalten den Autonomiestatus.

1932 Der Putschversuch der faschistischen „Lapua"-Bewegung ist der Höhepunkt des weißen Terrors in den 1920er und 30er Jahren.

1939/40 „Winterkrieg": Die Sowjetunion unter Stalin greift Finnland an. Finnland muss u. a. Ostkarelien abtreten.

1941-44 „Fortsetzungskrieg": Deutschland greift über Finnland die Sowjetunion an und wird von finnischen Truppen unterstützt. Beim Waffenstillstand 1944 gehen Finnland weitere Gebiete verloren, u. a. der Eismeerhafen Petsamo.

1948 Freundschafts- und Beistandspakt zwischen Finnland und der UdSSR. Finnland folgt einer Politik strikter Neutralität.

1973-75 Beim KSZE-Gipfel in Helsinki erweist sich die finnische Diplomatie als Mittler zwischen den Machtblöcken.

1995 Finnland wird Vollmitglied der Europäischen Union.

1999 Beitritt zur Euro-Währungszone; 2002 werden die Finnmarknoten und -münzen abgeschafft.

2000 Mit Tarja Halonen wird erstmals eine Frau Staatsoberhaupt (Wiederwahl 2006).

Landesdaten

Name Republik Finnland, finnisch: Suomen Tasavalta oder kurz Suomi, schwedisch: Finland

Einwohner 5,3 Millionen, davon 92 % Finnen, 6 % Finnlandschweden und je einige Tausend Samen und Roma

Bevölkerungsdichte 15 Einwohner/km²

Fläche und Lage 338 000 km², siebtgrößtes Land Europas (etwas kleiner als Deutschland), davon sind rund 10 % Wasser und 70 % Wald; Landesgrenzen zu Schweden (600 km), Norwegen (700 km) und Russland (1300 km)

Sprache und Religion Finnisch und Schwedisch sind offizielle Landessprachen; Staatskirchen sind die lutherische (85 %) und die orthodoxe Kirche (1 %)

Hauptstadt **Helsinki** mit 570 000 Einwohnern (Hauptstadtregion mit **Espoo, Vantaa** und **Kauniainen** etwa 1 Million); weitere große Städte sind **Tampere** (200 000 Einwohner), **Turku** (175 000) und **Oulu** (130 000).

Staat Finnland ist eine parlamentarische Republik (Eduskunta/Reichstag mit 200 Abgeordneten), Wahlen alle 4 Jahre; das Staatsoberhaupt (Direktwahl alle 6 Jahre) ist mit wesentlich größeren Vollmachten ausgestattet als der deutsche Bundespräsident.

Wirtschaft Bedeutende Exportbranchen sind Elektronik, Hochtechnologie, Maschinen, Metall (zusammen ca. 60 %) sowie holzverarbeitende Industrie (ca. 30 %). Hauptsächliche Exportregionen sind die Euro-Zone (ca. 30 %), andere EU-Länder (ca. 28 %), restliches Europa (ca. 15 %), Asien (ca. 15 %). Wichtigste Handelspartner sind Deutschland, Schweden, Russland und Großbritannien.

Naturschauspiel in Winternächten: das Polarlicht

MERIAN | NATURPHÄNOMENE

Polarlicht

Das zauberhafte Leuchten in den Winternächten des Nordens ist eine Laune der Sonne

Das Licht- und Farbenspiel am nächtlichen Himmel des Nordens ist faszinierend, aber keineswegs geheimnisvoll. Mehr oder weniger regelmäßige Eruptionen auf der Sonne schleudern Materie ins All, vor allem Elektronen und Protonen. Wenn diese hochenergetischen Teilchen, (auch Sonnenwind genannt) nach 24 bis 36 Stunden in die oberste Schicht der Erdatmosphäre eindringen, treffen sie auf Gasmoleküle wie Stickstoff und Sauerstoff. Dann lösen Milliarden von Kollisionen in 100 bis 600 Kilometer Höhe Lichtfunken und ein farbiges Flackern aus. Prallen die elektrisch geladenen Sonnenwindpartikel auf Stickstoffmoleküle, strahlt es rot oder blau. Stoßen sie mit Sauerstoff zusammen, ist das Licht grün. Die Mischfarben Weiß, Violett und Gelb lassen die *Aurora borealis,* das nördliche Polarlicht, besonders zauberhaft erscheinen. Welche Farben entstehen, ist von den Bestandteilen der Atmosphäre und der Höhe des Lichttheaters abhängig. Polarlichterscheinungen ereignen sich während des ganzen Jahres, sind aber nur zwischen September und Februar gut wahrzunehmen – in der übrigen Zeit ist es in Skandinavien während der Nacht zu hell. In Mitteleuropa kann man das „Nordlicht" nur bewundern, wenn die Sonnenaktivität und die geomagnetischen Stürme besonders stark gewesen sind. Vom Wetter wird das Polarlicht in keiner Weise beeinflusst.

AUSKUNFT

Finnische Zentrale für Tourismus
Lessingstraße 5
60325 Frankfurt/Main
Tel. (069) 50 07 01 57
Fax 724 17 25
www.visitfinland.de
finnland.info@mek.fi
Schweiz:
Tel. (01) 654 51 32
Österreich:
Tel. (01) 79 56 71 61

ANREISE

Mit Auto und Fähre
Über die Ostsee kommt man von Deutschland täglich nach Finnland. Finnlines bedient die Route Travemünde–Helsinki mit neuen Fähren in 27 Stunden (**www.ferrycenter.fi**). Die Superfast Ferries bewältigen die Strecke Rostock–Hanko in 24 Stunden (**www.superfast.com**). Wer mit dem Pkw über Schweden fährt, gelangt mit den Fähren von Viking Line (**www.vikingline.de**) bzw. Silja Line (**www.siljaline.de**) via Åland nach Helsinki oder Turku. Zur Anreise nach Schweden können Kombi-Fährtickets mit Stena Line, Scandlines und TT-Line gelöst werden. Auch über die baltischen Staaten ist eine Anreise möglich, die Fähre setzt dann von der estnischen Hauptstadt Tallinn (Reval) aus über. Die Reise ist allerdings sehr zeitaufwendig und nur bei speziellem Interesse eine Alternative.

Mit dem Flugzeug
Die nationale Fluggesellschaft Finnair (**www.finnair.com**) und Lufthansa (**www.lufthansa.de**) bieten von mehreren deutschen Städten täglich Direktflüge nach Helsinki an. Zu den Billigfliegern mit Zielen in Finnland gehören Blue1 (**www.blue1.com**, viele innerfinnische Anschlüsse), Air Berlin (**www.airberlin.de**), German Wings (**www.germanwings.de**) und Ryan Air (**www.ryanair.de**). Von Zürich und Wien fliegen Swiss (**www.swiss.com**) und Austrian (**www.aua.com**) täglich direkt nach Helsinki.

REISEN IM LAND

Inlandflüge
21 Flugplätze innerhalb Finnlands werden regelmäßig angeflogen, die wichtigsten mehrmals täglich.

Eisenbahn
Es gibt diverse Preisermäßigungen, Paket- und Rundreiseangebote. Mit dem Finnrailpass kann innerhalb eines Monats 3, 5 oder 10 Tage lang unbegrenzt das Streckennetz genutzt werden (Preis für 2. Klasse: 122 €, 163 € bzw. 220 €). Autozüge verkehren zwischen Helsinki und Oulu, Turku, Tampere und Rovaniemi. **www.vr.fi**

Busse
Mit Expressbussen erreichen man jeden Winkel des Landes. Auch hier gibt es Sonderangebote. **www.matkahuolto.fi**

Mietwagen
In den Zentren größerer Städte und an Flughäfen. Die Preise liegen etwas über dem deutschen Niveau.

Jedermannsrecht
Hinter dem Jedermannsrecht steht die schöne Tradition, dass die Natur für alle zugänglich und nutzbar sein soll. Erlaubt sind: die ungehinderte Fortbewegung zu Fuß, auf Skiern und mit dem Fahrrad, außer unmittelbar um Haus und Hof und auf bestellten Feldern; kurzfristiges Zelten in angemessenem Abstand zu Häusern; das Pflücken ungeschützter Blumen, Beeren und Pilze für den eigenen Bedarf; die Nutzung von Gewässern zum Bootfahren und Schwimmen. Immer geboten ist Rücksichtnahme, immer verboten sind Ruhestörung und Schädigung von Mensch, Natur und Umwelt.

KLIMA

Kurze, manchmal recht heiße Sommer und zum Teil sehr kalte Winter. Im Osten macht sich Kontinentalklima mit stabiler Wetterlage, im Südwesten eher die Auswirkung von Seeklima und Golfstrom bemerkbar. Die Winter sind vor allem im Norden und Osten schneesicher.

FESTIVALS

Mindestens 70 gibt es allein zwischen Mai und August – mehr unter **www.festivals.fi.**

Juni

Naantali Musikfestival
Zwei Wochen Kammermusik.
www.naantalinmusiikkijuhlat.fi

Kuopio Tanzfestival
Eine Woche lang die besten Tänzer der Welt.
www.kuopiodancefestival.fi

Provinssirock
Internationale Rockgrößen in Seinäjoki, sehr populär.
www.provinssirock.fi

Juli

Opernfestspiele Savonlinna
Jeden Abend Aufführungen, internationale Klasse.
www.operafestival.fi

Tango-Markt
Fünf Tage in Seinäjoki.
www.tangomarkkinat.fi

Pori Jazz
Etabliert. Barjazz bis Hiphop.
www.porijazz.fi

August

Flow Festival
In Helsinki, für internationale Pop-Avantgardisten.
www.flowfestival.com

Theaterfestival Tampere
Das Beste europäischer Bühnen.
www.teatterikesa.fi

Helsinki Festival
Tanz, Theater, Film, Musik. Exzellentes Klassik-Programm.
www.helsinkifestival.fi

LITERATUR

Finnland Dirk Kruse-Etzbach, Iwanowski's, 2005, 22,95 €
Umfangreich, gleichwohl handlich geleitet das Buch durch ganz Finnland.

Helsinki & Südfinnland Heiner Labonde, Jessika Kuehn-Velten, Edition Elch 2004, 17,90 €
Angenehm lesbar, viele Hintergründe, bezieht Großraum Helsinki detailliert mit ein.

Das Jahr des Hasen Arto Paasilinna, Lübbe 2006, 7,95 €
Der Hase im Rucksack: Fast schon ein Klassiker, nimmt der Roman den Leser auf eine humorvoll-skurrile Reise durch Finnland mit.

Der Wind über den Klippen Leena Lehtolainen, Rowohlt 2004, 8,90 €
Die Fälle der Kommissarin Maria Kallio sind sicher genauso aufregend wie die ihres schwedischen Kollegen Wallander.

Kalewala Elias Lönnrot (Übers.: Gisbert Jänicke), Jung und Jung 2004, 38 €
Das finnische Nationalepos in neuer deutscher Übersetzung. Nie versiegende Inspirationsquelle für finnische Künstler.

Versandkostenfreie Buchbestellung im MERIAN-Shop unter: **www.merian.de/shop**

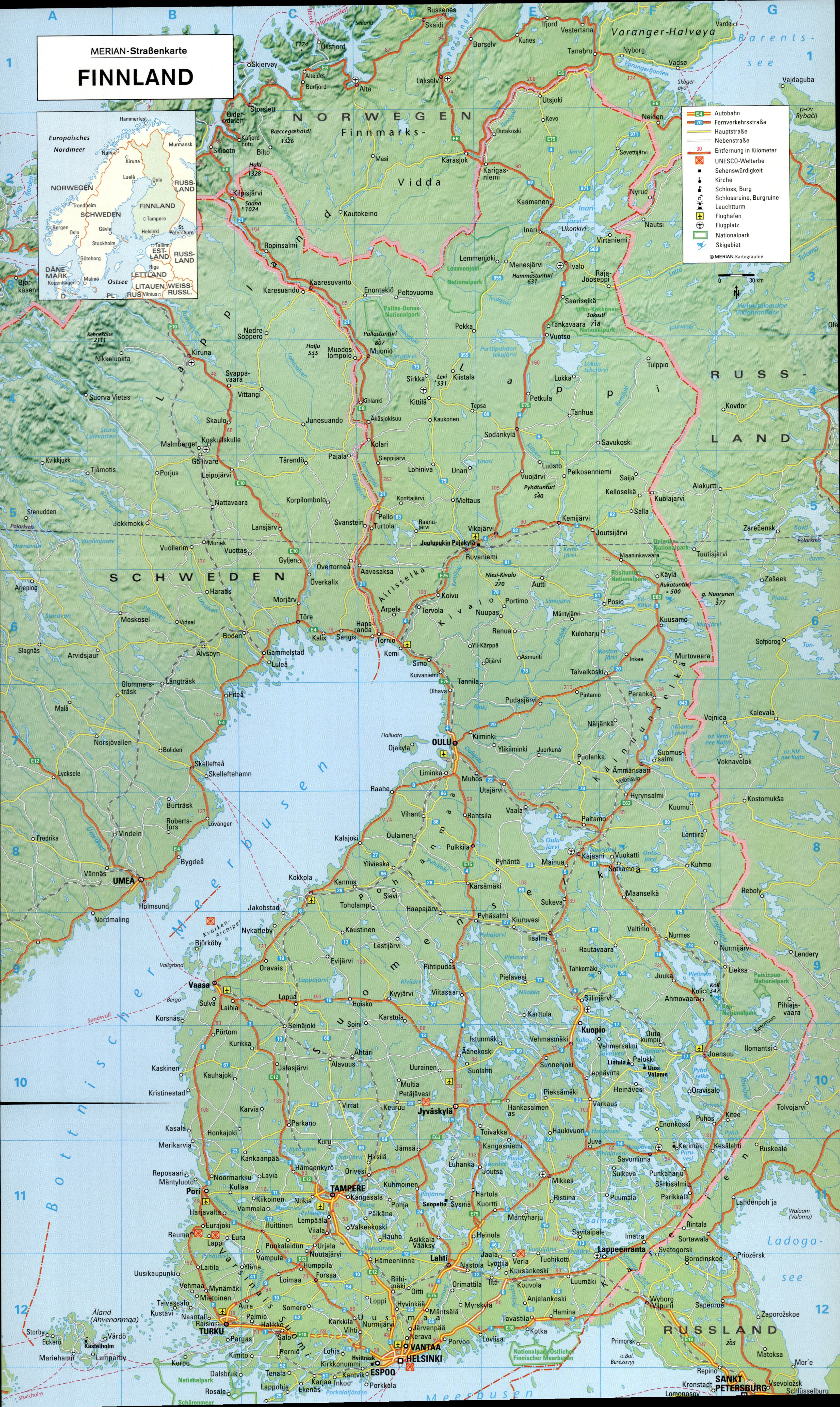

MERIAN-Straßenkarte
FINNLAND
Autobahn
Fernverkehrsstraße
Hauptstraße
Nebenstraße
Entfernung in Kilometer
UNESCO-Welterbe
Sehenswürdigkeit
Kirche
Schloss, Burg
Schlossruine, Burgruine
Leuchtturm
Flughafen
Flugplatz
Nationalpark
Skigebiet
© MERIAN-Kartographie
30 km
NORWEGEN
Finnmarks-Vidda
SCHWEDEN
RUSSLAND
Lappi
Suomenselkä
Kainuunselkä
Karelien
Barents-see
Varanger-Halvøya
Bottnischer Meerbusen
Ladoga-see
Kvarken-Archipel
Åland (Ahvenanmaa)
Polarkreis
Europäisches Nordmeer
Ostsee
NORWEGEN
SCHWEDEN
FINNLAND
RUSSLAND
EST-LAND
LETTLAND
LITAUEN
WEISS-RUSSL.
DÄNE-MARK
HELSINKI
ESPOO
VANTAA
TAMPERE
TURKU
OULU
UMEÅ
SANKT PETERSBURG
Jyväskylä
Kuopio
Lahti
Pori
Vaasa
Rovaniemi
Lappeenranta
Joensuu
Kajaani
Kemi
Tornio
Luleå
Kiruna
Inari
Ivalo
Kuusamo
Mikkeli
Savonlinna
Hämeenlinna
Rauma
Kokkola
Seinäjoki
Kotka
Porvoo
Lahti
Mariehamn
Murmansk

MERIAN | PUNTILA UND MATTI

Brecht klaut Knecht

Wie sich der deutsche Dramatiker an finnischen Erzählungen ergötzte und sie rücksichtlos nutzte

Curt Bois (l.) als Puntila und Heinz Engelmann als Matti im Film „Herr Puntila und sein Knecht Matti" von 1955. Mitte: Brecht und Hella Wuolijoki. Unten: das Gutshaus in Lyöttilä bei Iitti (Südfinnland), in dem Brecht von Juni bis Oktober 1940 wohnte

Alles nur Plagiat; Bertolt Brecht war ein Dieb, ein eiskalter Nutznießer seiner Mitarbeiterinnen. Im finnischen Exil schrieb er das Drama **„Herr Puntila und sein Knecht Matti"**, doch das Stück ist alles andere als eine ureigene Brechtsche Kreation. Dabei zählt die Geschichte vom Gutsherrn Puntila, der nur betrunken ein guter Mensch ist, zu den meist gespielten Stücken Brechts. Auf **Gut Marlebäck in Iitti** entsteht das Stück im Sommer **1940.** Die finnische Schriftstellerin und sozialdemokratische Abgeordnete **Hella Wuolijoki** gewährt Brecht und Ehefrau **Helene Weigel**, den Kindern Stefan und Barbara sowie seinen Mitarbeiterinnen Margarete Steffin und Ruth Berlau Asyl. Im Sommerhaus kommt die Familie unter. Das Haus gibt es heute noch, aber nichts erinnert hier an den großen Dramatiker des 20. Jahrhunderts. Der Verband der Papierarbeiter nutzt es mittlerweile als Ferienheim.

„Fischreiche Wässer! Schönbäumige Wälder! Birken- und Beerenduft! ...", dichtet Brecht auf Marlebäck. Es gefällt ihm hier. Der Aufenthalt im Sommerhaus zählt gewiss zu einer der angenehmeren Stationen seiner **1933** begonnenen **Flucht vor dem Nazi-Regime**. Auch die Abendunterhaltung ist nach Brechts Geschmack: Er trinkt mit seinen Damen Kaffee, und Hella erzählt von Finnland. Ruth Berlau erinnert sich später an einen dieser Abende: „Grete Steffin hatte sich hinter eine Palme gesetzt. Dort stenografierte sie alle diese wunderbaren Geschichten mit. Wir wussten das, Hella aber nicht." Auch die Anekdote über Wuolijokis Vetter **Roope Juntula** (1871-1952) mag Brecht sehr gern. Eine perfekte Story für ein Bühnenstück, das später in 30 Sprachen übersetzt wird und als Parabel von Herrschaft und Knechtschaft in die Literaturgeschichte eingehen wird. Davon ahnt Hella Wuolijoki noch nichts, als sie an einem Abend von einer ihrer Geburtstagsfeiern erzählt; neben zahlreichen Gästen war auch der berüchtigte Vetter Roope eingeladen. Er war ein harter Arbeiter und bezeichnete sich selbst gern als **„größter Raufbold des Tavastlands"**. Doch eines konnte Roope noch viel besser: saufen.

Als aber alle Flaschen vor ihm versteckt wurden, ärgerte er sich so sehr, dass er zum Tierarzt fuhr und sich frei erhältlichen Sprit für seine angeblich kranken Kühe besorgte. Im Morgengrauen kehrte er stolz zurück, setzte sich in die Küche und trank Kaffee mit Schnaps, verteilte Hundertmarkscheine an die Chauffeure und turtelte mit den Dienstmädchen. Wobei Gastgeberin Hella Wuolijoki nur eine Frage quälte: Wie bloß den Trunkenbold vor den Gästen verbergen? Sie entschied sich für eine einfache Lösung und präsentierte ihren Vetter als den „finnischen Bacchus" im Salon – und fertig ist das gleichnamige Manuskript von Wuolijoki, die aus diesem Material später auch noch das Bühnenstück **„Die Sägemehlprinzessin"** schreibt. Brecht bekommt dieses Stück zu lesen und ist begeistert.

„Brecht bedauert nur, dass ich bloß eine klassische Komödie daraus gemacht habe, und er erklärte mir sein eigenes episches Drama", notiert Wuolijoki. Brecht bietet Hella eine Zusammenarbeit an. Ihre gemeinsame Arbeit an „Herr Puntila und sein Knecht Matti" besiegeln sie 1941 in einem Traktat. Doch Brecht vergisst diese Abmachung, und bei der **Uraufführung 1946** in Zürich wird ihr Name nicht genannt. Hella Wuolijoki ist tief verletzt. 1952 bittet die Zeitung *Neues Deutschland* Brecht um eine Stellungnahme, weil ein finnischer Journalist beklagt, dass Wuolijoki bei einer Berliner Aufführung nicht erwähnt wurde. Brecht antwortet, er sei „im besten Einvernehmen mit Hella Wuolijoki" und einen gemeinsamen „Puntila" – gäbe es nicht.

Derzeit schreibt der Enkel von Wuolijoki, der finnische Außenminister **Erkki Tuomioja,** an einem Buch über seine Großmutter. Hier verweist er auf noch mehr Einflüsse seiner Großmutter in Brechts Werken. Teile des estnischen Kriegsepos aus „Soja laul" von Woulijoki baut Brecht in den „Kaukasischen Kreidekreis" ein. Außerdem bearbeiteten Brecht und Wuolijoki das Theaterstück von Yamamoto Yuzo zusammen. Dazu hat Brecht-Experte Prof. Neureuter das Buch „Die Judith von Shimoda" herausgegeben. Im Herbst 2006 erscheint ebenfalls von Neureuter „Brecht in Finnland".

Eine Stadt, die sich um Berge windet: Blick gen Südosten auf das Kap mit Lion's Rump. Dahinter das Massiv des Tafelbergs

Fit for Fans: Kapstadts Küsten sind das Revier für Trendsportarten

Rainbow-City: Im bonbonfarbenen Bo-Kaap-Viertel leben Kap-Malayen, die Nachfahren der aus Asien stammenden Sklaven

Kapstadt und die Kapregion: das schönste Ende der Welt.

Die Natur berauschend vielfältig, die Strände weiß, die Sonne ein Dauerbrenner, der Wein fast so exzellent wie in Frankreich – und mittendrin die pulsierende Millionen-Metropole vor der imposanten Kulisse des Tafelbergs.

> Insel der Toleranz: bewegende Bilder des historischen District Six
> Trendmetropole: Funsport, Shoppen, Nighthlife – alles für den Kick am Kap
> Stille Wildnis: eine Reise zu den Sandsteingiganten der Cederberge
> Arche Noah der Pflanzenwelt: der Botanische Garten von Kirstenbosch
> Wahrheit mit Spott: Kabarettist Pieter-Dirk Uys über das neue Südafrika

Zuletzt erschienen:

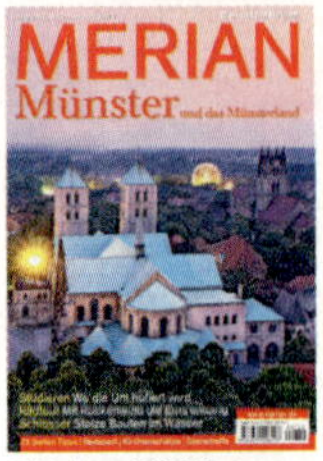

Oktober 2006

September 2006

August 2006

Juli 2006

Juni 2006

Mai 2006